公共关系与社交礼仪

朱银全 编著

西北工业大学出版社
西 安

图书在版编目（CIP）数据

公共关系与社交礼仪/朱银全编著．—西安：西北工业大学出版社，2019.1
ISBN 978-7-5612-6338-9

Ⅰ.①公⋯　Ⅱ.①朱⋯　Ⅲ.①公共关系学-教材　②社交礼仪-教材　Ⅳ.①C912.31　②C912.12

中国版本图书馆CIP数据核字（2019）第009139号

GONGGONG GUANXI YU SHEJIAO LIYI

公共关系与社交礼仪

责任编辑：刘宇龙		策划编辑：杨　军	
责任校对：王瑞霞		装帧设计：李　飞	

出版发行　西北工业大学出版社
通信地址　西安市友谊西路127号　　邮编：710072
电　　话　（029）88491757，88493844
网　　址　www.nwpup.com
印刷者　　兴平市博闻印务有限公司
开　　本　787 mm×1 092 mm　　1/16
印　　张　9.875
字　　数　246千字
版　　次　2019年1月第1版　　2019年1月第1次印刷
定　　价　38.00元

如有印装问题请与出版社联系调换

公共关系作为一门新兴学科,非常灵活、实用,在经济活动和社会生活中日益显现其重要作用。不论是政府部门、企事业单位、各社会团体组织,还是自然人个体,只要能良好地运用公共关系知识,就能为其成功助力。专业化且持之以恒的公关实践可以使组织保持良好的运行状态、极佳的公众形象,这需要具有深厚的公共关系学理论修养和丰富的公关实践经验的公关人员。对于个人来说,公共关系学知识可以提升个人素养,优化与他人的关系,规范自己的日常行为,使自己处事更得体并且自如,形象更潇洒或优雅,增强个人的社会适应能力。简而言之,个人、企业、政府、国家都需要树立良好的形象,公共关系知识越来越受到人们的青睐。每个人都应该学习和掌握一定的公共关系知识,具有公共关系意识和能力。

公共关系由英文"Public Relations"翻译而来,中文可译为"公共关系"或"公众关系",其字面意思与实际意思基本一致,都是指组织机构与公众环境之间的沟通与传播关系。一般指一个社会组织用传播手段使自己与相关公众之间形成双向交流,使双方达到相互了解和相互适应的管理活动。这个定义反映了公共关系是一种传播活动,也是一种管理职能。

社交礼仪是指在人际交往、社会交往和国际交往活动中,用于表示尊重、亲善和友好的首选行为规范和惯用形式。社交礼仪的直接目的是表示对他人的尊重、获得尊重的满足,从而获得愉悦,由此达到人与人之间关系的和谐。

公共关系与社交礼仪是人与人之间交往的一种沟通艺术,它是每个人生活中不可缺少的生活哲学。学习公共关系和社交礼仪,就是要培养良好的公共关系意识,即形象意识、公众意识、传播意识、协调意识、互惠意识,以及团队意识、整体意识、创新意识和服务意识等。

笔者在大学从事公共关系与社交礼仪教学和研究30余年,积累了丰富的理论和实践经验。本书是笔者多年教学经验、科研成果及工作实践的汇集和浓缩,是应我国社会主义和谐社会的发展需要而编写的,融知识性、实用性、操作性于一体。本书适合作为高等学校相关专业的必修或选修课教材,并可供职场工作者阅读参考。

本书在编撰过程中曾参阅了相关文献资料,在此谨向其作者致以诚挚的谢意!

编　者
2018年6月

序

新时代是创新的时代,更是形象的时代。公共关系作为创造形象的科学和艺术,更好地适应了新时代的需要。

不论是个人、企业还是国家,都必须树立良好的形象,所以就必须具备公共关系意识。

公共关系不是可有可无的东西,而是必须时刻拥有的一种意识。

无论现在还是未来,社会需要具有公共关系意识的人才。

一、将来的职业趋势:第三产业、第四产业

西方发达国家第三、四产业在新的世纪已经达到80%以上。毫无疑问,明天的年轻人将在商业、保险、交通、保健、教育、智能、休闲和个人服务等行业中,找到自己的辉煌前程。

当然这并非意味着工矿企业不再需要员工。高速列车、能源开发、海洋勘探、宇宙航空等行业还是需要大量的专业人才,但必须是杰出的。

二、明天的求职条件:复合型人才

有专家曾断言,未来决定市场命运的不再是生产,而是商品的流通。由此可见,仅仅懂得机械而不了解市场营销的专家和工程师在未来可能会遭到"下岗"的命运。

其他职业也一样。在多媒体电脑行业中,既懂得信息化、又懂得美术图案设计的年轻人,会成为各大公司最抢手的人才;而谋求项目主管的年轻人必须是技术设计师,同时还要懂得管理,以及有与顾客保持良好关系的销售才能。

三、明天的专业人才:专家加工人

当今世界,脑力劳动和体力劳动分家的时代已经结束。明天,饱受寒窗煎熬的毕业生,不仅在理论上是个佼佼者,在装配流水线上的熟练操作能力也要不亚于学徒出身的工人;身居要职的管理人员能够并不逊色地干起杂耍剧场报幕员的工作。这意味着,对年轻人来说,从今往后应该拥有尽可能高的文凭,然而也应该做好准备去干那些不需要"高级结业证书"的任何粗活。

四、明天的上岗保证:不仅是文凭

应该承认,没有文凭的年轻人其失业率大大高于那些有证书的年轻人。近年毕业生洽谈会上的信息已经显现,首先学历高者优选的机会就会多一些,证书越多优势越大。其次是学生干部、学生党员优选,因为这些学生组织能力、协调能力、交际能力较强。再次是根据专业取向男生和女生各有优势。

可见,当今世界单凭文凭寻找工作是远远不够的。

由于持文凭者众多,雇方在招聘时作为选择的重要依据将是每个应聘青年的个人能力。它们分别是解决问题的实际能力,善于交际的能力,以及接受有关经济与文化教育的程度及其自信的态度。

目 录

第一章　绪　论 ·· 1

第二章　公共关系概述 ·· 5
　　第一节　公共关系的一般意义 ·· 5
　　第二节　公共关系的构成要素 ·· 12

第三章　公共关系的历史沿革 ·· 15
　　第一节　公共关系的前史 ·· 15
　　第二节　现代公共关系的产生和发展 ·· 17
　　第三节　公共关系在中国 ·· 20

第四章　公共关系的组织机构和公关人员 ·· 23
　　第一节　公共关系的组织机构 ·· 23
　　第二节　公共关系人员 ·· 33

第五章　公共关系的对象分析 ·· 40
　　第一节　公众的含义和特征 ··· 40
　　第二节　公众的分类 ··· 41
　　第三节　目标公众分析 ·· 42

第六章　公共关系的传播媒介与沟通原则 ·· 45
　　第一节　公共关系的传播媒介 ·· 45
　　第二节　公共关系的沟通原则 ·· 50

第七章　公共关系广告 ·· 52
　　第一节　公共关系广告的概念与分类 ·· 52
　　第二节　公共关系广告的作用和效果 ·· 55

第八章　公共关系工作的一般程序 ··· 57
 第一节　公共关系调查 ··· 57
 第二节　公共关系策划 ··· 66
 第三节　公共关系实施方案 ··· 69
 第四节　公共关系评估 ··· 75

第九章　公共关系专题活动 ··· 81
 第一节　公共关系专题活动及其作用 ······································· 81
 第二节　赞助活动 ··· 83
 第三节　新闻发布会 ··· 85
 第四节　展览会 ··· 88

第十章　公共关系中的人际交往 ··· 91
 第一节　人际交往与形象塑造 ··· 91
 第二节　人际交往中的语言技巧 ··· 92
 第三节　人际交往中的心理障碍及克服方法 ································· 93

第十一章　公共关系活动模式 ··· 94
 第一节　战略型公共关系活动模式 ··· 94
 第二节　战术型公共关系活动模式 ··· 97

第十二章　危机处理的公共关系技巧 ······································ 100
 第一节　危机公共关系 ·· 100
 第二节　危机的预防和处理 ·· 102

第十三章　社交礼仪基础 ·· 107
 第一节　礼仪概论 ·· 107
 第二节　基本社交礼仪 ·· 110
 第三节　行为举止 ·· 127
 第四节　交谈礼仪 ·· 130
 第五节　群体活动礼仪 ·· 133

附　录 ·· 143
 附录1　一年中的节日 ··· 143
 附录2　常见花卉及花语 ··· 146

参考文献 ·· 150

第一章 绪 论

公共关系是一门新兴的现代管理学科。它是协调处理现代社会组织与组织、组织与公众之间各种关系的一门学科。

有学者将以智能技术为代表的科学技术水平，以旅游业为代表的富裕生活程度，以公共关系为代表的经营管理效能并列为衡量一个国家发达程度的三大标志。也有人说："对工科大学生来说，当外语和计算机成为两条腿的时候，专业技术和经营管理便成了他的左右臂，而作为指挥和协调中心的大脑首先必须具备的则是公关意识。"足见公共关系在现代社会中的重要地位和作用。

一、要建立良好的公共关系，就必须搞好人际关系

人际关系也称人际交往，是社会人群中因交往而构成的社会关系。它对每个人的情绪、工作、生活都有着很大的影响。公共关系离不开人际关系，而良好的人际关系也有助于组织共关系的成功，使公共关系得到长远的发展。

从工作内容上看，公众关系中包含了许多人际关系。公共关系与人际关系有着十分紧密的联系，因为组织整体之间的联系，往往体现为一个组织中的若干个人同另一个组织中的若干个人之间的联系。所以，公共关系的实务工作，经常要通过人际关系的沟通方法来进行；从工作方法上看，公关工作需要运用人际沟通的手段，要求公关人员具备较好的人际关系能力，良好的人际关系有助于建立良好的公共关系。

正因为公共关系是为建设组织之间良好关系服务的，所以，公共关系需要从组织整体的角度，为主动地创造一个良好的社会环境做出决策。虽然这项工作经常被人们比喻为个人取得良好人际关系的活动，但事实上，公共关系的实务工作要比处理好人际关系复杂得多。因此，出于建立良好的公共关系的目的，不论是一个组织的领导人，还是该组织的公共关系工作人员，在同其他人打交道时，不但要处理好个人和个人的关系，而且还要透过这种个人之间的关系，将本组织同社会公众联系起来，以达到符合组织整体利益的效果。

这时的人际交往，既需要遵循处理好人际关系的一般原则，如以诚相待、互帮互助等等，又需要遵循公共关系工作的原则，如尽量将有利于本组织的消息向外界传播、通过个人的表现来树立其所代表的组织的形象、关注本组织所创造的社会效益等等，使得在一般的个人来往中，让社会公众了解一个组织、支持一个组织。在具体的交往方式中，公共关系的实务工作需要经常组织专门性的活动，借助新闻传播界以扩大影响，这比个人的人际关系交往要复杂得多，范围也大得多。

二、当代大学生应该具备的意识和能力

1. 社会发展要求当代大学生要树立五大意识

（1）市场意识：在社会主义市场经济条件下，资源配置靠市场完成，人才的成长、流动也靠市场，上学和就业都是以市场为导向，市场就是需求。

（2）竞争意识：在竞争中，全世界都热爱胜利者，而没有过多的时间去过问失败者。

（3）公关意识：当代社会，生活节奏加快，矛盾突出，关系紧张，组织、个人都需要公共关系来协调关系。

（4）人才意识：当代社会需要的是人才，即专业人才、整体素质高的人才。

（5）信息意识：当代社会是信息社会，地球似乎变小了，变成了地球村，信息传播速度极快，瞬间可以传遍全世界，所以信息就是财富。

2. 当代大学生要具有四种能力

（1）公关能力。

1）组织管理能力。公关工作中的本质属性是管理，通过公关工作促进组织目标的实现。

2）语言表达能力。公关工作是通过传播沟通与公众建立良好的关系，能写会说，能很好地运用语言传达组织的有关信息，与公众有效沟通是公关人员的一项基本素质要求。

3）公众交往能力。公共交往能力就是为组织广结良缘，广交朋友，在组织与公众之间起沟通的"桥梁"作用，形成"人和"的氛围和环境。

4）创新能力。公关工作是一项极富挑战性和创造性的工作，公关人员是组织与公众的中介者，但绝不是"传声筒"，必须以自己的想象力和创造力来影响和感染公众。

5）应变能力。公关活动中经常会出现一些突发事件和难以预料的问题，需要公关人员根据实际情况，灵活从容地应对，有效地解决问题。

（2）理财能力。理财不仅仅是一种能力，更是一种习惯。之所以这样说，因为理财能力来源于日常生活的习惯培养，虽然说，金钱不是省出来的而是挣出来的，但是，就一般而言，用财有道，才能生财有道。要善于利用资源，懂得让自己的财富创造效益。

（3）专业能力。每个职业都是需要一定的和特殊的能力才能胜任的，如教师要有专业授课能力，总经理要有协调管理能力。所以，大学生在分析自己时，就要将能力和职业联系起来思考。

（4）跨文化交际能力。当前各种文化之间频繁交流与碰撞，作为一名全球化时代背景下的人所具有的基本素质就是要有宽广的国际胸怀和良好的跨文化交际能力。通过学习跨文化交际原理提高学生对文化差异的敏感性，增加跨文化交际意识，并最终形成跨文化交际能力。

三、学习公共关系的目的和作用

1. 加强自身素质的锻炼

为了将来更好地适应社会，我们学习公共关系，就是为了多学知识、开拓知识面，在将来的就业中（自谋、双选、跳槽）发挥作用，现代社会需要知识面宽、能力强的人才。因此，现在许多学生在学习之余去考取多种职业证书。

2. 为了更好地工作

无论将来是去企业，还是到政府机关工作，都要为单位的形象和利益尽职尽责，或宣传企业，推销产品；或维护好政府与社会各界、人民群众的良好关系。提高公关公文的写作、广告策划、活动策划能力，学会抓住时机，宣传企业，制造新闻，制造热点。

3. 学会推销自己

向用人单位、需沟通的单位等推销自己，需要掌握公关礼仪、人际交往技巧等。如有一个大学生到报社找工作，他问总编："这儿需要一个好编辑吗？""这儿需要记者吗？"总编说："我们什么空缺都没有了。"这个大学生说："那么，你们一定需要这个东西。"他从公文包里拿出一块精致的牌子，上面写着"额满，暂不雇用"。总编看了牌子，上下打量了一番，笑着说："如果你愿意，请到我们广告部来工作吧。"这个大学生通过牌子表现出自己的机智和乐观，引起了总编的兴趣，从而得到了工作。有家公司的总裁说："我专门雇用那些善于制造快乐气氛，并能自我解嘲的人。这样的人能把自己推销给大家，并让人们接受他本人，同时也接受他的观点、方法或产品。"

4. 锻炼和提高自己的能力

这里主要指综合能力（公共关系活动中有"导演""编剧""演员""剧务"之分），交际能力，处理能力，打开局面的能力，创新能力。

5. 可以改变自己的处境

只有通过努力，才能改变自己的处境。如果一直只停留在"想"改变的阶段，那么你将很可能永久地停留在现状。在学习公共关系的内容和实施公共关系的过程时，其最大的特点就是"做"，它要求学习者掌握相关的公共关系的调查方法，对自身内部环境和外部环境进行分析，同时对公共关系活动进行策划和实施，这要求学习者对自身情况进行反思，获取相关资料，并运用所学知识进行分析实施，将理论与实践有效结合起来，帮助改变自己的处境。

四、学习公共关系的现实意义和方法

（一）学习公共关系学的现实意义

（1）适应对外开放的需要。对外开放需要加强中国与外部世界的双向沟通，尤其是在当今全球经济一体化的大背景下，一方面要了解世界，一方面向世界宣传自己；对外开放使形象管理的问题日益突出，需要树立公关意识和加强公关管理；对外开放需要按国际惯例办事，学习和运用公共关系有利于完善和规范组织的行为。

（2）适应体制改革的需要。体制改革促进了横向联系的发展，使组织的社会关系日益复杂，给组织的关系状态（社会关系和舆论）和行为方式带来了新的变化，因此需要应用公共关系加强组织的社会沟通和社会协调。

（3）适应市场经济发展的需要。市场经济带来了大范围的分工协作和激烈的市场竞争，组织需要运用公共关系来拓展合作关系，加强竞争能力，树立组织及其产品的知名度、美誉度，促进经济效益和社会效益。

（4）适应现代信息社会的需要。现代信息传播技术和沟通方法的发展，促进了社会交往观念和交往行为的变化。特别是大众传播的发展使公众舆论的作用日益增强，从而使组织形象管理的问题日益突出，有必要运用公关手段来了解舆论、引导舆论，改善组织的生存、发展环境。

（二）学习公共关系的方法

（1）加强理论学习。公关从业人员需掌握多门学科的知识（管理、传播、心理、社会、美学等），才能成为一个优秀的公关人员。

（2）加强与社会各界的沟通，交往，获得较好的人际环境。特别是加强与大众、团体、集团的交往。

（3）切身实践，参与公关策划活动。参与策划会议、展览会、记者招待会、开业庆典、校庆、各类比赛活动等，还有舞会、联谊会、赞助捐款、捐物活动。

（4）取得公共关系人员上岗资格。

第二章　公共关系概述

公共关系是一项塑造良好形象的巨大工程，公共关系是一座构建辉煌事业的艺术殿堂。公共关系学对于组织来说是内求团结、外求发展的实用性很强的交叉性学科；对于个体来说，则是内求秀美、外求辉煌的时代学科。

在市场经济条件下，我们必须学好公共关系理论，强化公共关系意识，开展公共关系实务，把握公共关系艺术。

第一节　公共关系的一般意义

一、公共关系的基本存在形式

公共关系一词是由英文"Public Relations"翻译而来的，中文可译为"公共关系"或"公众关系"，不论是其字面意思还是其实际意思基本上都是一致的，都是指组织机构与公众环境之间的沟通与传播关系。Public Relations 在英文原意中有多种含义，今天人们常说的公共关系，主要包含三层意思：社会组织与其公众之间客观存在的关系、专门为协调这些关系而进行的活动与工作、由此而形成的一种现代社会意识，即公共关系状态、公共关系活动、公共关系观念三层意思。这三层意思正是公共关系的三种基本存在形式。公共关系状态是公共关系的静态存在形式，公共关系活动是公共关系的动态存在形式，公共关系观念是公共关系的文化存在形式。

1. 公共关系状态

哲学常识告诉我们，万物都处于某种联系之中。作为社会细胞的社会组织的最基本关系就是社会关系，在社会生活中，任何一个社会组织都要与其他社会组织和个人发生联系，形成某种社会关系。这种社会关系就可称作公共关系。或者叫公共关系状态。

公共关系状态是社会组织的现实形象状态，即社会组织在公众心目中形象的总和。主要指社会组织在公众心目中知名度是否高、美誉度怎么样，相互间的关系是否亲密，是相互合作还是彼此对抗等。

公共关系状态是无形的，却是客观的，不以社会组织的主观设想为转移。

一般认为公共关系状态可分为良好的公共关系状态和不良的公共关系状态。良好的公共关系状态指社会组织拥有良好的组织形象，处于被公众支持的状态。这是社会组织存在和发展的环境基础。相反，不良的公共关系状态指社会组织形象欠佳，不被公众支持，这种状态不但使社会组织无法取得"人和"之便利，而且还使社会组织处于潜在的危机之中，一旦产生某种危机，便会对社会组织造成危害，甚至可能是灭顶之灾。

良好的公共关系状态可以带来公众同情、支持、重视和合作；不良的公共关系状态将会带来公众淡忘、冷漠、产生偏见和敌对。

公共关系状态，还可分为自觉的公共关系状态和自然的公共关系状态。自觉的公共关系状态指社会组织通过开展有意识的公共关系活动之后所拥有的组织形象。自然的公共关系状态则是社会组织在无为的情况下自然而然地获得的组织形象。

公共关系状态既是组织公关活动得以进行的基础，也是组织公关活动实际形成的结果。任何组织要在激烈的竞争环境中生存和发展，就必须主动去适应、改变社会环境，自觉自主地追求和塑造良好的组织形象，建立良好的公共关系状态。

2. 公共关系活动

公共关系活动是社会组织为了塑造自身的良好组织形象而从事的各种实务，主要包括协调、沟通、传播活动。实际生活中许多矛盾是由于沟通不畅造成的。公共关系活动是主观见之于客观的一种社会实践活动；公共关系活动是改善组织原有的公共关系状态，实现公关目标的手段；公共关系活动是社会组织树立自身良好形象的过程。任何一项公共关系活动都具有目的性、技巧性和团体性等特点。

（1）目的性：通过实践去建立良好的公共关系状态。

（2）技术性：依赖一定的手段，通过特定的活动方式来进行。

（3）团体性：任何公共关系活动都以结成团体的社会组织为主体。

公共关系活动可以细分为兼顾的公共关系活动与专门的公共关系活动。

兼顾的公关活动是指那些在组织日常事务中兼顾了公共关系的活动。如接待工作中谦虚有礼、营销工作中诚实待人等，这种活动并非由专门的公共关系部门和公共关系人员所从事，一般不需要周密的策划，不需拨给专门的经费。

专门的公共关系活动是指由专门的公共关系机构和公共关系人员所策划和从事的公共关系活动。如对组织形象进行调查，对组织的方针政策可能给组织的公关状态产生什么影响进行评估，筹划组织的庆典活动，编印公关刊物，制作公关广告等。

无论是兼顾的公共关系活动还是专门的公共关系活动，对于公共关系工作来说都十分重要，不可偏废。

公共关系活动是否自觉、是否科学的重要标志就是看有没有自觉的公共关系意识和科学的公共关系理论做指导。因此，现代公共关系活动又是和公共关系观念相联系的。

3. 公共关系观念

公共关系观念属于一种现代经营管理和行政管理的思想、观念和原则，它是在总结现代经营管理和行政管理经验的基础上，用以指导社会组织自身行为、树立组织良好形象、处理组织内部和外部各种关系的一整套具有哲学意义的指导思想。

公共关系观念影响和指导着个人或组织决策与行为的价值取向，从而反作用于人们的公共关系活动，并间接影响实际的公共关系状态。

对于任何一个组织或者个人来说，要有良好的公共关系状态，必须要有相应的公共关系活动，而这些活动，必须是在正确的公共关系观念指导下进行的。换言之，没有现代公共关系观念，就没有适应现代状况的公共关系活动，因而也不会产生良好的公共关系状态。所以，在这三个层面上，公共关系观念可以说是至关重要的。

二、公共关系的定义及分析

（一）公共关系的定义

关于公共关系的各种定义有很多。综合各种定义，我们给公共关系下一个定义：公共关系是一个社会组织用传播手段使自己与公众之间形成双向交流，使双方达到相互了解和相互适应的管理活动。这个定义反映了公共关系是一种传播活动，也是一种管理职能。

公共关系是指某一组织为改善与社会公众的关系，促进公众对组织的认识，理解及支持，达到树立良好组织形象、促进商品销售的目的的一系列促销活动。它本意是社会组织、集体或个人必须与其周围的各种内部、外部公众建立良好的关系。它是一种状态，任何一个企业或个人都处于某种公共关系状态之中。它又是一种活动，当一个工商企业或个人有意识地、自觉地采取措施去改善和维持自己的公共关系状态时，就是在从事公共关系活动。作为公共关系主体长期发展战略组合的一部分，公共关系的含义是指这种管理职能：评估社会公众的态度，确认与公众利益相符合的个人或组织的政策与程序，拟定并执行各种行动方案，提高主体的知名度和美誉度，改善形象，争取相关公众的理解与接受。

"好比一名男士追求女士，可以用许多办法。大献殷勤就是一种。这不算公共关系，而是推销。努力修饰自己的外貌和风度，讲究谈吐举止，也是一种吸引人的办法。不过，这也不是公共关系，而是广告。如果这个男士经过周密的研究思考，制订个计划出来，而且埋头苦干，以成绩来获得他人的称赞，然后通过他人的口将对自己的优良评价传递开去，这，可就是公共关系了。"

（二）公共关系定义的分析

代表性的公共关系的定义有以下几种。

1. 管理职能论

国际公共关系协会曾给公共关系下的定义：公共关系是一种管理功能，它具有连续性和计划性；通过公共关系，公立和私人的组织，机构试图赢得同他们有关的人们的理解、同情和支持——借助对舆论的估价，以尽可能地协调它们自己的政策和做法，依靠有计划、广泛的信息传播、赢得更有效的合作；更好地实现它们的共同利益。

美国人莱克斯·哈罗博士对公共关系的定义：公共关系是一种特殊的管理职能。帮助一个组织建立并保持与公众之间的交流、理解、认可与合作；它参与处理各种问题与事件；它帮助管理部门了解民意，并对之做出反应；它确定并强调企业为公众利益服务的责任；它作为社会趋势的监视者，帮助企业保持与社会变化同步；它使用有效的传播技能和研究方法作为基本工具。

我国许多人赞成这一观点。

2. 传播沟通论

"传播沟通论"是从运作手段上来考虑，认为公共关系是社会组织与公众的一种传播沟通方式。

英国人弗兰克·杰夫金斯强调公共关系是由"各种有计划的沟通联络所组织的"，强调公共关系在运作方式和手段上依赖沟通联络的特点。

美国人约翰·马斯顿讲得更为坦率：公共关系就是运用有说服力的传播去影响重要公众。

1981年出版的《不列颠百科全书》将公共关系定义为：旨在传递有关个人、公司、政府机构或其他组织的信息，并改善公众对于其态度的种种政策或行动。

这一定义强调的是公共关系的手段，认为公共关系不能离开传播沟通。在我国有大量研究者持这种观点。我国存在"管理学派"和"传播学派"两大体系。

3. 社会关系论

持这种观点的研究者避开了"管理职能论"倾向于公共关系的目标，"传播沟通论"偏重于公共关系的手段的争论，认为公共关系是社会关系的一种，必须从此入手来把握和分析公共关系的实质。

美国普林斯顿大学的希尔滋认为：公共关系是我们所从事的各种活动、所发生的各种关系的通称，这些活动与关系都是公众性的，并且都有社会意义。

英国公共关系学会对公共关系的定义：公共关系的实施是一种积极的，有计划的以及持久的努力，以建立及维护一个机构与其公众之间的相互了解。

4. 现象描述论

持这一类观点的研究者往往倾向于公共关系实务。它与"社会关系论"偏重学理、抽象正好相反，"现象描述论"则倾向于直观形象和浅显明了。他们通常抓住公共关系的某一功能或某种现象进行描述，非常具体实在。

美国公共关系协会征询了2 000名公共关系专家的意见，从中选出的四种定义都带有很浓的现象描述色彩：

（1）公共关系是企业管理机构经过自我检讨与改进后，将其态度公诸社会借以获得顾客、员工及社会的好感和了解的经常不断的工作。

（2）首先，公共关系是一个人或一个组织为获取大众之信任与好感，借以迎合大众之兴趣而调整其政策与服务方针的一种经常不断的工作。其次，公共关系是对此种已调整的政策与服务方针加以说明，以获取大众了解与欢迎的一种工作。

（3）公共关系是一种技术，此种技术在于激发大众对于任何一个人和一个组织的了解并产生信任。

（4）公共关系是工商管理机构用于测验大众态度、检查企业的政策与服务方针是否得到大众的了解与欢迎的一种职能。

以上四种定义非常形象生动，还有一些定义更为具体、直观：

公共关系是百分之九十靠自己做得对，百分之十靠宣传。

公共关系是通过良好的人际关系来辅助事业成功。

公共关系就是促进善意。

公共关系是信与爱的运动。

公共关系不是一台打字机可以买到，也不是一张订货单可以延期，它是一种生活方式，时时刻刻表露在各种态度与行动中，对于工厂工人、顾客以及整个社会都有影响。

公共关系就是争取对你有用的朋友。

公共关系使公司得到的，就是那些在个人称为礼貌与德性的修养。

公共关系就是说服和左右大众的技术。
（推销）广告是要大家买我（有用性），公共关系是要大家爱我（互相、抽象、整体）。
公共关系就是讨公众喜欢。

这一类定义对于宣传公共关系是很有用的。简洁明了，生动形象，便于记忆。不过它只是揭示了公共关系的部分含义，从总体上讲不够全面、准确。

5. 表征综合论

1978 年 8 月，在墨西哥城召开的世界公共关系协会大会上，代表们对公共关系的含义达成了共识：公共关系是一门艺术和社会学科。公共关系的实施是分析趋势、预测后果、向机构领导人提供意见，履行一连串有计划的行动，以服务于本机构和公众利益。

这个定义在美国有一定代表性和权威性。

三、公共关系的分类

当我们把"公共关系"看作人们有意识、有目的地开展的一系列旨在促进相互了解、联系和支持的活动的时候，便可以根据公共关系所要达到的具体目标，把公共关系分为以下三类：

（1）以赢利为目的公共关系，也就是企业的公共关系。主要表现在 20 世纪 50 年代，那时公共关系服务于产品营销。

企业的经营目的在于实现商品的价值，获取利润，而能否达到目的，则取决于生产的商品是否符合消费者的需要。以工厂为例，一方面要争取所生产的商品能够价廉物美；另一方面，又要使顾客确信这一点。因此，在商品生产之前，就必须对社会市场作详尽的调查，看看市场上究竟需要什么样的商品，某一品种哪些部分需要改进，然后才能确定商品的生产。在商品生产出来之后，投放市场，就应作适当的宣传和进一步调查。宣传在于向公众说明这一商品的特点，让公众对它有一个正确而充分的了解，并乐于使用，从而增加该商品销售的机会。进一步调查是为了寻找更加切合社会公众需要的商品和更低的成本，以求得商品的更新换代。如苹果手机的生产和销售就是遵循这一模式。这种循环往复的过程就是公共关系活动的具体实现。

（2）是以提供纯粹的服务为目的的公共关系，这主要是政府部门、社团组织的公共关系活动。它们在制定政策、计划或者需要开展某项具体工作之前，应先把情况向公众作详细的说明，征询要不要这样做，同意不同意这样做，让公众对政府和社团的做法有一个正确而又充分的了解，知道政府和社团正在替他们做什么，并明白这样做，可能会遇到什么困难，需要他们从哪些方面予以协助和合作。

有时，政府和社团为了更透彻地了解民情，提高办事效率，有必要开展一些有效的公共关系活动。广州市政府曾通过一本期刊开展"假如我是广州市长"的活动。通过这一活动，把政府和人民的距离拉近了，人们关心和支持政府的工作，政府体察了解了人民的愿望和要求，并在市民中树立了良好的形象。

（3）是以创造和睦相处环境为目的的公共关系。由于各种因素的影响，在个人、团体、地区、部门之间有时难免会产生各种各样的摩擦和矛盾，而摩擦和矛盾很多时候是由于相互之间的不了解而造成的，因此在日常生活（政治、经济、文化）中，每一方都应在严于律己、以诚相待的前提下同各方面保持密切的联系，在对方遇到困难和风险的时候，毫不犹豫地尽力帮助，从而取得对方的信赖。在误解发生后，应及时地予以解释说明，让问题及早解决，避免裂痕的加深，矛盾激化。同样道理，在处理国际事务中，也应在和平共处五项原则的基础上实现国与国之间的平等互利，友好交往。如果人人都能经常地注意到公共关系，那么，社会各方就能形成一个互相协作，和睦相处的气氛。

概括地说，公共关系是现代社会中个人、团体、企业、地方政府以及国家之间利用各种手段（主要是传播媒介）建立良好关系的活动。这一活动在于取得相互了解和合作，借以达到内求团结，外求发展的目的，最大限度地提高自身的社会效益或经济效益。

四、公共关系的基本特征

1. 以公众为对象，指向是工作的起点

公共关系是指一定的社会组织与其相关的社会公众之间的相互关系。如果说，人际关系以个人为支点，是个人之间的关系的话，那么公共关系则是以组织为支点，是组织与其公众结成的关系。公共关系发展如何、良好与否、直接影响社会组织的生存和发展。也就是说，社会组织必须坚持着眼于自己的公众，才能生存和发展。公共关系活动的策划者和实施者必须始终将公众认作自己的"上帝"。

2. 以美誉为目标，树立组织的良好形象

在公众之中树立组织的美好形象是公共关系活动的根本目的。如果说，搞好人际关系的目的是为了个人的生存和发展，那么搞好公共关系的目的是为了使组织拥有良好的声誉，以利于组织的生存和发展。塑造形象是公共关系的核心问题。组织形象的美化，是公共关系活动追求的效果。美誉，即美好的组织形象是社会组织所向往的。

3. 以互惠为原则，坚持"双赢"原则

公共关系不是以血缘、地缘为基础，而是以一定的利益关系为基础的。一个社会组织在发展过程中必须得到相关组织和公众的支持。既要实现本组织目标，又要让公众得益——这样才能使合作长久。所以，必须奉行互惠的原则。

4. 以长远为方针，放眼未来济沧海

社会组织与公众建立起良好的关系，获得美好的声誉，让公众获益，所有这一切，都不是一日之功所能及的，必须经过长期的艰苦努力。如果说广告和推销大量地考虑到眼前效果的话，那么公共关系则主要着眼于长远效果。

5. 以真诚为信条，广交天下客

公共关系活动需要奉行真诚的信条。社会组织必须为自己塑造一个诚实的形象，才能取信于公众。传播活动中也必须贯彻真诚的精神，任何虚假的信息传播都会损伤组织形象。唯有真诚，才能赢得合作。所以，真诚是公共关系活动的信条。诚招天下客，誉从信中来。海尔提出：我们卖信誉，不是卖产品，用户永远是对的。

6. 以沟通为手段，打通心灵通道

没有沟通，主客体之间的关系就不会存在，社会组织的美誉也无从产生，互惠互利也不可能实现。要将公共关系目标和计划付诸实施，离不开沟通的手段。通过宣传、合作、联谊等实现沟通和合作，有些企业"谢绝参观""闲人免进""非公莫入"是错误的。

上述六方面综合立体化地构成完整的公共关系的基本特征，对这些基本特征的了解与把握，将有助于深化对公共关系含义的认识。

五、理清与公共关系有关的一些问题

公共关系是一门极为严肃的学问。可是，由于种种原因，目前人们对它的了解还不够，这就难免产生一些误解。如对这些误解不进行必要的解释，可能有碍于公共关系艺术的广泛应用和公共关系学的进一步完善与丰富。

1. 公共关系学与"庸俗关系学"的区别

在日常生活中，流行着一种不成文的"庸俗关系学"，这种关系学虽然在公开场合受到谴责，但私下却非常流行。一些个人和机构常常利用见不得人的手段谋取私利，引起了不少正直人士的反感。由于"庸俗关系学"在人们心灵中留下了阴影，当人们一旦接触到"公共关系学"的时候，就不免会联想到"庸俗关系学"，以为公共关系学不过是教人巧言令色、八面玲珑、耍手段、弄权术的把戏。由此可见，不把这两种性质完全不同的关系学区别开来，就难以树立起公共关系学在学术上的庄严地位。

公共关系活动，通过大众传播工具进行信息收集和意见沟通，是希望社会组织的发展能够适应社会进步的需要，个人和集体的利益与社会公众的利益一致，以赢得大众的了解和支持。因此，公共关系活动所采取的手段是公开与合法的，这些实事求是的务实行为是为社会大众所接受的。但是"庸俗关系学"则不同，由于其目的是不可告人的，因而它们只能在暗中进行。

2. 公共关系不同于迎送酬酢

对公共关系的宗旨和原则不甚了解的时候，人们很容易把公共关系理解成日常的交际应酬活动：迎来送往，握手寒暄，敬酒干杯。目前有的机构的公共关系部门，实际上只起着迎送酬酢的作用，与接待部、交际处等无异。仅仅停留于这种工作水平，就算不上真正开展了公共关系活动。

公共关系的宗旨是树立机构自身的形象，争取各界的合作和支持。而要达到这一目的，需要做的工作是非常多的。以热情的态度去接待宾客，只是一个方面。更重要的方面，是要看到本机构的各项决策是否符合社会的发展，符合广大群众的需要。这就要求公共关系的活动渗透到内外关系的各个环节和部分。对内的活动有，调解机构和员工之间的关系，增加凝聚力，发挥积极性；向领导提供咨询和建议，参与制定发展的决策等等；对外的活动有，开展提高知名度的宣传，与社会各界尤其是新闻界保持良好的关系等等。中国有的专家在谈到企业中的公关的时候说：在现代经济生活中，企业已经不再是单纯的技术——经济合成体，而是整个社会有机体的一个分子。企业只有在技术、经济和社会三个方面保持平衡、协调，才能获得顺利的发展。协调社会各界关系、减少社会摩擦，正是公共关系的专长。因此，如果对厂长、经理来说，总工程师是其技术顾问，总会计师是其经济顾问，那么，通晓政策法规、社会民意、传播媒介、时尚潮流等方面知识的公共关系专家，则是其社会决策顾问。

现在公共关系工作绝非迎来送往那么简单，它实际上是社会组织的决策活动。或者说，是社会组织发展战略的策划和具体实施。

3. 公共关系不是宣传

公共关系与宣传的联系主要表现在二者性质上都是一种传播过程，并具有一些共同的活动特点；二者的工作内容有时也是相同的，如每个组织都有团结内部成员，增强群体凝聚力、向心力、荣誉感等方面的任务，这既是组织内部宣传工作的内容，也是组织内部公共关系工作的目标。但是公共关系与宣传是有区别的，其区别表现在下述两点。

（1）工作性质不同。传统的宣传工作属于政治思想工作范畴，是政治思想工作的手段和工具。宣传的目的主要是为了改变和强化人们心理状态和精神状态，获取人们对某种主张或信仰的支持。其主要内容是国家的方针、政策、社会道德、伦理、法制等方面的教育。公共关系作为一种特殊的管理职能，其目的是塑造组织形象，建立组织与公众的良好关系，除了宣传、鼓动以外，其工作的主要内容是信息交流、协调沟通、决策咨询、危机处理等。

（2）工作方式不同。宣传工作是单向传播过程（组织 → 公众），带有灌输性和强制性；工作重点往往是以组织既定的目标来控制公众的心理；有时为了获取目标对象的支持。公共关系工作是一种双向传播过程（组织 ↔ 公众）；公共关系必须尊重事实，及时、准确、有效地向公众传递组织信息，以真诚换取公众对组织的理解和信任；公共关系除了向公众解释、说服工作外，很重要的职能在于向组织的决策层提供信息和咨询；其目的、动机是公开的，应努力使公众了解，让公众知晓；公共关系工作是说与做的统一，不仅要求组织做好本身工作，还要求把自己做好的工作告诉公众。

第二节　公共关系的构成要素

一、公共关系要素分析的起点

关系，从词义上分析，是指事物之间相互作用、相互影响的状态。世界上的任何事物都同它周围的事物相互联系着，这种联系表明它们彼此存在着一致性、共同性，从而在此基础上形成不同的事物、特性的统一形式，即表现为一定的关系。关系是事物相互联系的必要因素，不同关系表现着事物、特性的不同联系方式，每一种关系都是不同事物、特性的具体统一形式。关系也表示人和人或人和事物之间的某种性质的联系。从关系的性质而言，关系是对人而言的，离开了人的存在和介入，它就没有任何意义可言。人不仅与自然发生关系，也与社会、与他人发生关系。

1. 对关系的错误认识

（1）关系庸俗论：许多从事公共关系活动的人都被误认为是"拉关系、走后门"专家，人们对之非常蔑视。原因是不少人认为关系是庸俗的，"拉关系"是不光彩的。其实任何人都在关系中出生，在关系中成长，在关系中取得成功，处于关系的包裹之中。用庸俗不庸俗划分缺乏科学性。

（2）关系万能论：与上述观点相反，一切以关系为上，不讲原则，不讲规范，有关系便有一切，认为关系是万能的，殊不知没有原则，没有基础的关系是靠不住的。

（3）关系模糊论：这种人认为关系太复杂，谁都说不清。关系本来就模糊，不必去把它搞清楚。这种观点不足取。

2. 对关系的正确认识

关系是客观的，为事物所固有，存在于相应的事物之间。任何事物总是处在和其他事物的一定关系中，只有在同其他事物的关系中，它才能存在和发展，它的特性才能表现出来。事物的存在和事物的相互关系是统一的。事物的发展变化会导致该事物同其他事物原有关系的改变、消失和产生新的关系；而一事物和其他事物关系的变化也会引起该事物的相应变化。人们思想中的关系是客观事物关系的反映。

世界上的事物、现象以及它们的特性是复杂的、无限多样的，事物之间的关系也是复杂的、无限多样的。不同事物及其不同特性，按着各种不同类型的关系而彼此联系在一起，例如，空间与时间的关系，整体与部分的关系，原因与结果的关系，内容与形式的关系，以及遗传关系、函数相依关系、内部关系与外部关系等。在各种关系中，社会关系具有特殊的性质。在社会实践中，人不仅建立了和客观事物的相互关系，而且建立了人和人之间的相互关系，人对客观事物、对自身、对他人的关系，带有自觉意识和社会历史性的特征。

现代科学日益精细的分工和科学发展的整体化趋势，深刻揭示着事物的联系和关系的辩证性质。科学认识的任务，是通过事物之间的相互关系发现它们的本质和规律性。随着系统方法在科学中日益广泛的应用，研究关系这一范畴在现代科学中越来越具有重要的意义。

人际关系是指社会人群中因交往而构成的相互联系的社会关系，属于社会学的范畴。中文常指人与人交往关系的总称，也被称为"人际交往"，包括亲属关系、朋友关系、学友（同学）关系、师生关系、雇佣关系、战友关系、同事及领导与被领导关系等。人是社会动物，每个个体均有其独特之思想、背景、态度、个性、行为模式及价值观，然而人际关系对每个人的情绪、生活、工作有很大的影响，甚至对组织气氛、组织沟通、组织运作、组织效率及个人与组织之关系均有极大的影响。

3. 判断关系正当与否的标准

（1）法律标准。双方关系是否违法。

（2）纪律标准。双方关系是否违反纪律要求。

（3）伦理标准。双方关系是否违反道德要求。

二、公共关系的三大构成要素

关系的构成要素是主体、媒介、客体。

公共关系的三大构成要素是社会组织、传播、公众。

1. 社会组织

社会组织是构成宏观大社会的个人的特定集合。这种集合的特定性包括其有计划，有领导，成员间有明确的分工和职责范围，有一套运行制度等。

社会组织有一定的目标，而公共关系的目标是社会组织目标中的子目标、分目标。公共关系活动必须围绕着社会组织的总体目标来制定自身的特定目标。

社会组织的运行是在一定的现实条件和环境下进行的，在运行中必然要涉及多方面的因素。社会组织必须妥善处理同各个方面的关系，使社会组织获得各方面的支持，处于良性运转之中。

2. 传播（媒介）

人与人、人群与人群通过传播形成关系。公共关系作为关系的一种，自然也是通过传播来传递信息、协调公众，塑造良好的组织形象。

3. 公众

任何关系都由主客体双方构成。

公共关系活动的客体是公众。不同的社会组织有不同的公众。随着社会的发展，公众对社会组织的影响和制约越来越大。

三、公共关系三大要素的协调

1. 社会组织的主导性

社会组织的任何运用，都会通过传播来影响公众，当今社会，社会组织的任何运作跟书信就会引起公众的反响。如：政府和企业对公众的承诺。

2. 传播的效能性

社会组织的各种良好的行为要转化为实际公共关系中的知名度和美誉度，必须充分依靠传播、沟通。在现代社会，"做了还要说"，"做得好加上说得好"是非常重要的。皇帝女儿也愁嫁，酒好也怕巷子深。

3. 公众的权威性（内外公众）

虽然公众在公共关系活动中处于被影响、被作用的地位。但是公众绝对不是消极的被愚弄的对象。社会组织越来越认识到自身的每一步发展，每一项成就都离不开公众。公众的支持是无形的财富和成功的决定性因素。在三大要素中，公众的权威性已日益被公认了。

4. 社会组织、传播、公众的统一协调

一切公共关系活动所追求的都是这三大要素的最优状态和优化组合，然而，最优化组合总是相对的，即协调是相对的，不协调则是绝对的。公关人员的职责是使之尽量趋向协调。要协调，就要重视三大要素的各个方面，切不可偏重一方，忽视其他。

第三章 公共关系的历史沿革

第一节 公共关系的前史

公共关系作为一门职业和学科是 19 世纪末 20 世纪初才产生和发展起来的，但它作为一种客观存在的社会关系和一种思想与活动方式却源远流长。公共关系的源头可追溯到古代社会人类文明开始的地方——古埃及、巴比伦、波斯和中国等国家。当时的统治者虽然更多的是依靠国家机器——军队、监狱等暴力工具来维护他们的统治，但舆论手段的运用在处理与民众的关系上仍然具有很重要的地位，"水能载舟，亦能覆舟"就是当时的统治方式的反映。虽然"公共关系"这个名词几千年前根本没有出现，但在当时，它作为人类的一种实践活动却已有之。

一、公共关系产生的社会条件

远古时代，人们生产力水平低下，为了适应严酷的生存环境，就需要在思想上和情感上互相沟通，而意志和行为上相互协调一致。这就表现为他们在劳动过程中有某种思想互动、情感互动和行为互动。这种原始的协作关系既是人类各种社会关系赖以发生发展的社会基础，又是公共关系这种特殊的社会关系得以形成和进一步发展的必要的社会条件。

奴隶社会，社会生产力的发展、社会分工的出现，不仅使人们在生活资料上的交换成为必要和可能，而且也使生产资料的交换更加迫切和必要。于是，随着产品交换的不断发展，商业交往也不断繁荣，与此相适应的经济活动中的古代的公关意识、思想以及活动和活动的技巧与方法也得以产生并发展。

概括起来有两点：

（1）社会组织和团体之间需在思想行为上沟通和协调。
（2）统治阶级和集团为了政治的需要，会采取一些"取信于民"的活动。

总之，公共关系的萌芽和产生，有赖于生产的进步以及社会的政治、经济和各种社会关系与思想文化等社会条件的不断形成和发展。

二、人类早期的公共关系

古希腊的民主政治导致公众代表会议和陪审团制度的形成，它为公众表达自己的意见提供了一个舞台，而这种变化所产生的舆论导向在当时有着非常大的影响。

公元前 4 世纪，古希腊出现了一批从事法、道德、宗教、哲学研究与演讲的教师和演说家。他们在当时被称为诡辩家，他们的演讲技巧被称为诡辩术，而其中，苏格拉底、柏拉图和亚里士多德是他们的代表。亚里士多德运用严谨的思维逻辑和科学的方法写出《修辞学》，强调语言修辞在人际交往和演讲中的重要性。他认为，修辞是沟通政治家、艺术家和社会公众相互关系的重要手段与工具，是寻求相互了解与信任的艺术；他还提出在交往沟通中，要用感情的呼唤去获取公众的了解与信任，要从感情入手去增强演讲和劝服艺术的感召力和真切可靠性。为此，西方的一些公共关系学者视亚里士多德的《修辞学》为人类历史上最早的公共关系著作。当然，这个观点从某种程度上来说是夸大其词，但却又从一定程度上说明公共关系作为一门实践性艺术，从人类文明社会一开始就放射出自己灿烂的光芒。主要表现在下述几方面。

1. **政治生活中**

当时的一些开明的帝王、统治者或政治活动家，已经懂得如何运用诱导、劝说、宣传等手段来影响民众的态度和社会舆论，尽可能地在民众中树立自己良好形象，以便稳固和延缓自己的统治，或者达到自己特定的政治目的。

古罗马时代，人们更加重视民意，并提出"公众的声音就是上帝的声音"。整个社会都推崇沟通技术，一些深谙沟通技术的演说家往往因此而被推选为首领。据记载，古罗马的独裁统治者佛略·恺撒就是一位沟通技术的精通者，面对即将来临的战争，他通过散发各种传单来展开大规模的宣传活动，以便获得人民的支持。他甚至为此还专门请人写了一本记录他功绩的纪实性著作《高卢战记》，后来该书成为一部纪实性的经典之作广为流传。曾被西方公共关系专家称为"第一流的公共关系著作"。这些活动，堪称古代社会公共关系实践活动的典范。

中国古代公共关系的萌芽是从春秋战国时出现的。在当时社会，由于国家分裂，各种势力不断重新组合，造成了一种社会动荡不安的政治氛围，这在客观上为各种思潮的发端提供了现实的土壤。

各种思想、言论的冲撞与吸收，终于造就了"百家争鸣、百花齐放"的文化盛世。郑国"子产不毁乡校"的故事，就是古代公共关系思想的极好表现。乡校是古代养老和比赛射箭的场所，老百姓常在那里议论和批评政府。有人建议毁掉乡校，子产说："其所善者，吾则行之，其所恶者，吾则改之，是吾师也。"（《左传·襄公三十一年》）当时的士大夫阶层，在社会上举足轻重，深受诸侯君王的器重与信任，从而形成策士游说成风、舌战艺术发达的局面。

中国古代的"士"就是中国当时的公关从业人员。东周洛阳的苏秦、魏国的张仪、战国时期的冯欢、诸葛亮等。

2. **经济生活中**

尤其在商业活动中，人们也都自觉不自觉地运用各种传播手段和沟通技术来宣传自己，树立良好的声誉和形象，以便招徕顾客实现自己的经济目标。例如汉代的张骞通西域、明代的郑和下西洋等。

3. **人们日常交往中**

子曰："有朋自远方来，不亦乐乎！"有志同道合的人从远方来，不是很令人高兴的吗？两千五百多年前的孔子一语道出了中华民族的好客与友善。

孟子曰："天时不如地利、地利不如人和"。有利的时机和气候不如有利的地势，有利的地势不如人心所向，上下团结最重要。

所以，在东方公共关系被称为"人和"的艺术。

三、早期公共关系的特点

（1）早期公共关系所开展的各种活动，带有明显的自发性和盲目性。

（2）人类早期的公共关系活动，主要发生在政治领域，带有强烈的政治色彩和伦理色彩。

第二节 现代公共关系的产生和发展

现代公共关系作为一种思想、系统理论和新型职业发端于19世纪末20世纪初的美国。

一、现代公共关系的起源

现代公共关系起源于美国独立战争时期，战后，美国确立了三权分立的政治体制。政治的选举制，经济的纳税制，意识形态的开放和民主化，这就为公共关系的生存和发展提供了适宜的人文环境和畅通的传播条件。

二、现代公共关系的发展

现代意义上的公共关系在美国产生，距今已有百年历史。而在现代公共关系的发展过程中，主要经历了巴纳姆时期、艾维·李时期、伯内斯时期以及"双向对称模式"时期等四个阶段。

1. 巴纳姆时期

促成美国公共关系产生的直接条件是作为大众传播媒介的通俗化报纸的出现。19世纪30年代，由于蒸汽机广泛应用于印刷行业，报价从原来的12美分陡降到1美分，报刊读者一下扩大到一般劳动大众中，这时美国产生了一大批以大众读者为对象的通俗化报纸。这就为那些急于宣传自己、扩大自身影响的组织和企业提供了有利条件。

19世纪30年代登台执政的安德鲁·杰克逊成为最早利用报纸在政治竞选和主持政务的工作中开展公共关系的美国总统。

早期公共关系最突出的活动是从报刊宣传运动开始的。1860年，在美国出现了新闻代理人，他们为实业家撰写和散发新闻稿件，吸引报界和公众的注意力。但此时，人们利用新闻媒体来扩大自身影响力时，往往不择手段、不惜杜撰耸人听闻的消息来愚弄公众。代表人物有菲尔斯·巴纳姆。他是一个马戏团的老板，他利用报纸为自己的马戏团制造了不少神话。说马戏团里有一位黑人女奴叫海斯，说已160多岁（死后解剖证明只有80多岁。）在100年前养育过美国第一位总统乔治·华盛顿，为此每周获益1 500美元。什么马戏团里有一个矮小的汤姆将军，他当年曾率领一群侏儒，赶着矮种马拉的车去觐见维多利亚女皇。结果人们抱着好奇心纷纷到马戏团一探究竟，巴纳姆的马戏团的票房收入猛增。在骗局被拆穿之后，这种报刊宣传活动受到了人们的批评。后来人们认为，这种报刊宣传活动虽然在促成公共关系成为有组织的活动上有积极意义，但由于它没有建立正确的行为准则，全然不顾公众利益，以愚弄公众来实现经济利益，这在根本上与公共关系的宗旨是背道而驰的，是公共关系史上的"黑暗时期"。后来人们正是以此为戒，明确了在公共关系中，必须奉行诚实、公正、维护公众利益的精神。

此外，1882年，美国律师、文官制度倡导者多尔曼·伊顿在耶鲁大学法学院发表的《公共关系与法律职业的责任》的演讲中，首次使用了"公共关系"这一概念。1897年，美国铁路协会编的《铁路文献年鉴》第一次在现代意义上使用了"公共关系"名词。

可见，美国早期公共关系已经是有组织的传播活动，而且有明确的活动目的。特别值得注意的是它不再仅限于政治活动，思想宣传活动，而与资产阶级谋利愿望结合了起来，为这以后的发展奠定了基础。

2. 艾维·李时期

1903年，美国记者艾维·李在美国开办了一家正式的公共关系事务所，标志着现代公共关系的问世。现代公共关系问世的背景是20世纪初美国新闻高涨的揭露运动，史称"扒粪运动"，它以揭露工商企业的丑闻和阴暗面为主题。

19世纪末期，美国进入垄断资本主义时期，垄断财团占据了社会的一大部分财富，这个时期成了资本主义巨商横行的时期。他们不择手段地榨取剩余价值、肆无忌惮地搜刮民脂民膏。一切活动只以攫取最大利润为宗旨，全然不顾广大民众的利益和最起码的社会道德准则。此时，由于经济危机频频爆发，不仅广大劳动人民生活维艰，一大批较小的企业也在兼并中惶惶不可终日，整个社会阶级矛盾日益激化，各个阶层、各个集团的利益冲突越来越尖锐。大众生活中充满了对工商寡头的敌意。在这种背景下终于爆发了"新闻揭露运动"。当时新闻界的一些作家和记者愤然以笔代枪，向垄断财团的不法行为开战，掀起了揭露奸商丑行的揭丑运动。在不到十年间，发表各种文章2 000多篇，搞得许多大企业声名狼藉。资产阶级垄断财团最初试图用高压手段来平息舆论，对新闻界进行恫吓，说新闻界犯了诽谤罪，继而又以不在参与"揭露运动"的报刊上登广告相威胁，这些都未见成效，他们又以贿赂为武器，一些大公司和财团公开雇佣记者创办自己的报刊，效仿19世纪报刊宣传活动的手法，耸人听闻地杜撰有利于工商巨子们的新闻，而对他们公司中出现的问题百般遮掩。实在难以回避时也闪烁其词、尽力狡辩。如此所为，正适得其反，公众对垄断财团的敌意与日俱增。以"说真话""讲真情"来获取公众信任的主张被提出来，并越来越赢得工商界人士的赞同。艾维·李就是"说真话"的主要代表人物。

艾维·李早年毕业于普林斯顿大学，曾任《纽约时报》《纽约日报》等几家报社的记者，他认为：一个企业、一个组织要获得良好的声誉，不是依靠向公众封锁消息或者以假情况来愚弄公众，而是必须把真情披露出来，把与公众利益相关的所有实情都告诉公众，以此来博取公众对组织的信任。如果真情的披露确实对组织、企业不利的话，那就应该调整组织、企业的行为，而不是去掩盖真情。一个企业与员工和其他社会组织处于紧张的摩擦状态，往往是由于这个企业的管理者不注重与公众相沟通造成的。要建立一个组织良好的公共关系，最根本的信条是："公众必须被告知""说真话"。

艾维·李1903年开了一家正式的宣传咨询事务所，成为向客户提供公共关系咨询而收取费用的第一个职业公共关系人。

1906年，向新闻界发表了阐述他活动宗旨的《原则宣言》。他指出"我们的责任是代表企业单位及公众组织，就公众关心并与公众利益相关的问题，向新闻界和公众提供迅速而真实的消息。"《原则宣言》成为体现他的基本思想的重要文献。

他在洛克菲勒财团面临公共关系极端恶化的状况时，为其提供了成功的公共关系咨询。1913年，洛克菲勒家族镇压了科罗拉多州燃料钢铁公司工人的罢工，制造了"勒德洛大惨案"。约翰·洛克菲勒聘请艾维·李来处理这起事件。艾维·李来到科罗拉多州，同当事者双方进行了会谈，并劝说老约翰·洛克菲勒同矿工及其家属进行会谈。同时，艾维·李还散发了一份报道"事实"的宣传单，以向人们提供管理部门对这次罢工的看法。他甚至说服科罗拉多州的州长写文章支持他们。

通过老约翰·洛克菲勒与工人的接触，公司的管理政策和工人福利有了改善。艾维·李最终把一场劳资冲突变成了有益于双方的局面。据罗斯集团公司董事长戈登·西尔斯说，艾维·李所取得的成功是基于这样一种事实："在问题转向新闻界之前，艾维·李就试图解决这一问题，或至少确定了解决这一问题的适当的方针。"

鉴于艾维·李的成就，洛克菲勒家族聘请他全面修复家族的名声。在揭丑运动中，洛克菲勒的名字已经受到了"揭丑者"的严厉抨击和损害。艾维·李建议洛克菲勒家族向社会公布他们给慈善机构数以百万计美元的捐款数目。他还说服老约翰·洛克菲勒同意记者和摄影师拍下他打高尔夫球以及和家人、朋友在一起的场面。1937年当老约翰·洛克菲勒去世的时候，他在公众心目中的形象已从一位冷酷、贪婪的大亨变成了一位乐善好施的慈善家，人们是把他当作一位善良的老人、伟大的人道主义者来哀悼的。

早在1933年，艾维·李就评述了自己对洛克菲勒家族所做出的贡献：自1918年以来，我一直同洛克菲勒先生合作，我所做的唯一事情就是在洛克菲勒先生感兴趣的政策中协助他，并让公众通过一种自然的方式来认识这些政策。由于艾维·李在公关领域的卓越贡献，他被后人称为"公共关系之父"

3. 伯内斯时期（学科化形成时期）

艾维·李开创了现代公共关系，但他有丰富的公共关系实践，而没有提出系统的公共关系理论。

20世纪20年代初，美国人爱德华·伯内斯，从理论上给予现代公共关系以系统概括，从而使现代公共关系实现了学科化。

爱德华·伯内斯是心理学泰斗弗洛伊德的侄子，其思想深受弗洛伊德的影响，一生致力于将社会科学理论应用于公共关系研究，并将公共关系学从新闻传播领域中分离出来，使其成为一门独立、完整的应用学科。

伯内斯提出了"投公众所好"的主张，他认为，以公众为中心，了解公众的喜好，掌握公众对组织的期待与要求的态度，确定公众的价值观念应该是公共关系的基础工作；一切以公众的态度为出发点，按照公众的意愿进行宣传，才能做好公共关系工作。由于伯内斯在从事公共关系的研究与实务过程中，以一定的科学理论为指导，所以，促进了公共关系正规化、科学化，提高了公共关系的理论水平。

爱德华·伯内斯以其不懈努力，为现代公共关系的发展做出了一系列重要的贡献：公共关系职业化；公共关系工作摆脱了新闻界附属的地位，开始独立自主的发展；初步建立了现代公共关系的理论体系；强调了舆论及通过投其所好的公共宣传来引导公共舆论的重要作用；主张获得公众的谅解与合作应当成为公共关系的基本信条。

爱德华·伯内斯从1913年受聘于福特汽车公司，担任公共关系经理，在第一次世界大战后，他又在威尔逊总统成立的官方公共关系机构"克里尔委员会"中担任委员，负责向国外的新闻媒介提供关于美国参战情况的背景和解释性材料。战后，他和夫人在纽约开创了公共关系公司。1923年，他出版了论述公共关系理论的《舆论明鉴》，这是公共关系学第一部经典式专著。同年，他在纽约大学首次讲授公共关系课程，并完成了其他著作。

他第一次提出了"公共关系咨询"的概念，认为"公共关系咨询"有两种作用：一种作用是向工商业组织推荐他们应采纳的政策，这种政策的实施可以保证工商业组织的行为符合社会利益；另一种作用是把工商业组织执行的合理政策、采取的有益社会行为向社会广为宣传，帮助工商业组织赢得公众的好感和支持。明确肯定了公共关系的职责之一是要向组织提供政策咨询，而不仅仅是向社会做宣传。

1924年，《芝加哥论坛报》发表社论，强调指出，公共关系已成为一种专门职业，它既是一种管理艺术，也是一门学科，社会各界必须重视公共关系。现在美国有90%的企业设有公共关系部门。

4."双向对称模式"时期

美国学者卡特利普和森特先后出版了《有效公共关系》《公共关系咨询》《当代公共关系导论》等著作。在1952年出版的《有效公共关系》中，提出了"双向对称"的公共关系模式，该理论强调"双向沟通，双向平衡，公众参与"。"双向对称"的基本思想是：一方面把组织的想法和信息向公众进行传播和解释，另一方面又要把公众的想法和信息向组织进行传播和解释，目的是实现组织和公众结成一种双向沟通和对称和谐的关系，从而产生对称平衡的良好环境。

卡特利普和森特的《有效公共关系》一书，被誉为公共关系的"圣经"和"现代公共关系思想的基础"。"双向对称"模式超越了原来的"单向沟通"模式，科学地界定了公共关系"传播沟通"上双向互动特征，从而把"公共关系传播"与"宣传""广告传播"严格区分开来，因为后两者的沟通属性为典型的"单向传播"。"双向对称"模式迄今仍然属于现代公共关系活动采用的基本模式。

20世纪50年代以来，公共关系的实践和理论研究都进入一个全新的现代时期。美国、日本和欧洲部分国家先后成立了公共关系协会。1955年，国际公共关系协会（IPRA）在英国伦敦正式成立。

这一时期的代表人物有卡特利普，森特和杰夫金斯。

弗兰克·杰夫金斯是英国著名的公关专家。1868年，他在英国开办了公共关系学校，讲授公共关系、广告和市场等课程，从而成为一位出色的公共关系教育家，著作甚多。

第三节 公共关系在中国

一、公共关系在中国的传播

20世纪60年代公共关系学科传入中国的台湾、香港。1956年台湾公共关系协会成立，1974年台湾影响最大的联太公共关系公司建立。到了20世纪80年代公共关系又有了较大发展。香港现代公共关系始于20世纪60年代，到了20世纪70年代，公共关系有了较快的发展，1981年香港建立了太平洋公共关系专业协会。

20世纪80年代初，公共关系在中国大江南北传播。具体有以下特点。

1.公共关系实务得到较快发展

1980年，我国颁布了《广东省经济特区条例》，设立深圳、珠海、汕头三大经济特区，深圳的一些"三资"企业按照海外管理模式，引来了现代公共关系之风。1984年5月广州白天鹅宾馆建立了公共关系部，公共关系部的建立与实有成效的公共关系活动与效益吸引并带动了全国的宾馆服务性行业。1984年11月广州白云山制药厂率先成立公共部，引起关注之后，许多公司、企业成立了公关部，人们开始学习公共关系、了解公共关系。

美国最大的博雅公司，希尔－诺顿公司相继在我国成立了分支机构。

2. 公关人员的培训已初具规模

1985年1月，深圳市总工会最先创办公共关系培训班，5月中山大学成立了第一个公共关系研究会。9月深圳大学大众传播系开设公共关系专业。1995年6月，北大研究生院率先举办公共关系讲座。深圳大学、兰州大学开办公共关系函授教育。

3. 高级专门人才的培训已开始起步

1985年，公共关系学列入我国大学课程。1985年9月，大学设公关专业，此后，复旦大学、中山大学、杭州大学、国际学院、南开大学、兰州大学、中国科技大学、清华大学、北京大学等百余所大学开设公共关系课程，理工科院校开设了选修课。1987年被国家教委列入高等教育教学计划。

4. 科研方面成果丰硕

现已有教材专著近1 000种。1987年5月，中国公共关系协会在北京成立，1988年《公共关系杂志》在西安诞生，其间各省成立了公共关系学术团体。1988年6月中国第一份《公共关系报》在杭州创刊，青岛《公关导报》、青岛《公关世界》相继问世。2005年《国际公关》杂志问世。

二、开拓中国的公关事业

（一）现实条件

（1）经济上，我们国家还未完全形成从"卖方市场"向"买方市场"的转变，还有不正当关系和不正之风的存在。

（2）政治生活中，民主和法制还不够健全、"长官意志"还有存在。

（二）建立适合中国国情的公共关系

（1）符合我国的社会性质，确立以国家和人民利益为准则的公共关系道德规范和理论基础。

（2）根据我国经济发展水平和特点，建立适合我国具体情况的公共关系运作体系。

（3）研究中国公众的特点，以体现中国传统文化、重道义、重伦理、重人情、重友谊、讲礼仪。

（4）加快制度化、规范化建设，健全工作、教育、考核制度。

当然，这是一项十分重要又十分艰苦的系统工程，是需要付出努力的事业。

（三）中国公共关系的特点

（1）工作主体多元化。西方主要是经济组织、政治组织、文化组织在做公共关系工作。中国的各级工会、团委、宣传部门、妇联、统战部、人事处、办公室、信访办等所做的工作都包含公共关系性质的工作。

（2）工作人员年轻化、女性化。西方一般在28至45岁之间，而中国公共关系人员多在28岁以下，女性较多，主要原因是我国公共关系工作起步于酒店、旅游业，而在这些行业中女性占多数，并且从事接待的机会较多。所以，中国公共关系一开始就被误解为接待交际工作，形成了年轻化、女性化的特点。公关小姐这一中国独有的称呼，就是这个特点的反映。所以，我国的公共关系工作就有选美倾向、重交际、轻策划等特点。

（3）理论先行化。由于我国企事业单位的性质，我国的公共关系就表现为理论先于实践

（4）活动民族化。我国多利用民俗节日、古典文学、思想政治工作、学雷锋、义务劳动、扶贫工程、希望工程等开展公共关系活动。1998年抗洪救灾和2008年的汶川地震就涌现了一批公共关系案例。

（5）教育社会化。我国各级教育行政部门和高等院校都开展了公共关系长期和短培训班，公共关系专业的博士、硕士、本科、专科、自考层次的教育全面铺开。

（四）发展具有中国特色的公共关系学

发展具有中国特色的公共关系学，是中国公共关系实践和理论研究过程中提出来的新课题。要回答这个课题，就必须深入研究中国的国情，研究中国公共关系实践暴露出来的特殊问题，分析中国公共关系实践的环境和条件，努力总结经验，概括规律，再指导实践。

研究"国情"，是发展有中国特色的公共关系学的先决前提。这里仅就公共关系成长所需的条件角度去分析"国情"。从文化心态来看，一般认为，中国传统文化的基本精神包括了正道直行，贵和持中、民为邦本，平均平等及重情轻理等诸多方面，分析这些传统文化精神，可以看出中国文化对公共关系在中国传播或正或负的种种影响。再从经济方式上看，迄今为止的中国经济仍未达到充分的市场经济水平，而是计划经济，自然经济与市场经济相混杂的结合体，此外，则是在世界经济的冲击下，在开放浪潮中所涌现出来的市场经济。它在中国大陆的发展既不充分，也不平衡。这是造成我国公共关系事业发展先后快慢不一的主要原因。最后从管理体制上看，政企不分仍是中国管理体制的一大弊端，尤其突出的是，我国现有的舆论媒介不专业，跟不上时代，极少民办报刊，其结果必然是媒介缺乏相对的独立性，传播体制僵化，沟通渠道不畅，民意和舆论的社会作用得不到重视。这将大大影响公关的社会效果。

尽管公共关系学在我国起步较晚，尽管我国的政治民主化，经济市场化与社会信息化等方面还有相当多不完善，不发达之处，但随着我国社会主义市场经济的兴起和中国特色社会主义的发展，体制改革的深入，政治民主化的发展及现代化建设的进程，中国公共关系的蓬勃发展是不可避免并不可阻挡的，公共关系中国化有着令人鼓舞的辉煌前景。

第四章 公共关系的组织机构和公关人员

第一节 公共关系的组织机构

公共关系工作是一项长期的、复杂的、有计划的工作。并非权宜之计，因此，需要有专门的机构来从事这项工作，以保证组织的公共关系工作职能化和经常化。机构可分为两大类：一是组织内部的公共关系部，二是公共关系公司。

一、公共关系部

公共关系部指组织内部针对一定的目标，为开展公共关系工作而设立的专业职能机构。除了叫公共关系部外，还有的叫公共事务部、公共信息部、公关广告部、社区关系部、传播部、新闻界关系部等。

（一）公共关系部的职能

公共关系部的职能客观上要求有与之相适应的组织机构来执行。

1. 监测组织环境

监测组织环境就是指客观和预测影响组织目标实现的公众情况和其他社会环境变化情况。组织环境是由它的公众及其他影响组织生存、发展的社会政治、经济、文化等因素组成的。组织环境又是不断变化的，组织要适应这种环境，就必须严密地观察环境，对环境变化作出科学预测。公共关系部就担负着这个任务，它向组织提供环境信息、帮助组织预测环境变化、使组织对环境保持清醒的头脑和敏锐感觉，从而合理地制定或调整本组织目标。

公共关系部负责处理监测组织环境的信息如下：

（1）公众需求信息。公共关系需求是一个组织生存和发展的依据和动力，又是公众利益和兴趣之所在。公众需求是多方面的，有物质的和精神的，有眼前的也有将来的，等等。

（2）公众对产品形象评价的信息。包括产品的功能是否齐全、是否合乎潮流、包装是否新颖。

（3）公众对组织形象评价的信息。如国有企业和私有企业的区别，如对海尔企业的良好评价。

（4）有关公众变化的信息。21世纪初亚洲经济危机的时候有电视报道，香港的居民在一个时期都到内地买东西，香港商界发现后就计划搞个"降价周"以吸引回顾客，结果果然有效。2011年日本地震后，韩国的鱼产品滞销了，原因主要是韩国的鱼产品多是从日本进口的，日本有核辐射，所以，韩国的鱼产品就出现了危机。

（5）其他社会变化信息。主要就是指社会经济的变化，国家发展重点的转移等。21世纪，人们希望回归大自然，拥抱大自然，盼望绿色生态。"一带一路"建设带动了许多行业的发展。

2. 参与组织决策

（1）帮助组织获取决策信息，一方面，公共关系部门利用它与外部各界的广泛联系，为决策开辟广泛的外源信息渠道，提供第一手的准确的信息；另一方面公关部门利用它在组织内部的沟通渠道，为决策提供内源信息，促进决策科学化、民主化。

（2）公共关系部帮助组织确定决策目标。现代企业决策日益专门化。各部门的专家和管理人员往往将决策的焦点高度凝聚于本部的职能目标，难以从全局和社会的角度去考虑整体决策目标，因此，这就需要公共关系部站在公众和全社会的立场上，对各部门的决策目标进行综合评价，敦促各有关部门和决策当局，依据公众需要和社会价值及时修正可能导致不良的社会后果的决策目标，使组织决策目标既反映组织发展的要求，也反映社会公众的要求。

（3）公共关系部帮助组织拟选决策方案。决策方案包括设计方案和选择方案。

（4）公共关系部帮助组织实施方案。设计方案最终还要落实在行动上，变成可操作的方案。

3. 扩大组织知名度、美誉度

2008年春夏之交四川汶川大地震，引起了全国人民的关注，众企业纷纷向四川灾区捐款、捐物，这些企业在这个时候就为自己树立了良好的企业形象，提高了知名度。

人民网华盛顿2012年8月31日电（记者王恬），中国企业家、江苏黄埔再生资源利用有限公司董事长陈光标在31日的美国《纽约时报》上登出半版广告，"郑重向美国政府、美国人民声明"，钓鱼岛自古以来就是中国的领土。

声明说，"日本右翼分子正在侵犯中国领土主权，正在破坏西太平洋地区的稳定和安全"，"坚决抗议日本右翼分子最近挑起的钓鱼岛争端和所谓购买钓鱼岛、进行国有化的举动"，"我呼吁美国政府和各界人士谴责日本的挑衅行为"。

声明提问："如果日本宣布夏威夷是日本领土，美国人民会有什么感受？美国政府会有什么举动？"

声明以英文、中文两种语言刊出。

陈光标此举为江苏黄埔再生资源利用有限公司提高了知名度和美誉度。

4. 协调沟通，平衡利益

公共关系部的协调职能是指在沟通的基础上，经过调整，达到组织与公众互惠互利的和谐发展。协调的重要作用在于保持组织管理系统的整体平衡，使各个局部能步调一致，以利于发挥总体优势，确保计划的落实和目标的实现。协调关系分为广义协调和狭义协调。广义协调不仅包括组织内部的协调，还包括组织对外的协调，如组织与政府、社区、消费者等的协调活动。狭义协调主要是指组织内部的协调，如组织内部上下级之间的协调，组织内部同一层次中的各部门、各单位之间的关系协调。内求团结，外求和谐，是公共关系协调工作的宗旨。

马克思说过，人们奋斗的一切都同他们的利益有关。公共关系也是以利益为基础的。社会进入市场经济以后，许多过去用武力、由行政手段调节的关系，现在需要按经济规律来调节。组织作为一个开放系统，面对各类公众和各类公众各自的利益要求，组织公关要想为组织创造一个良好的内外部环境、协调各种关系，就必须本着真诚互惠的原则首先承认这些利益，然后按公共关系双向对称原则来尽量满足这些利益；当各种利益发生矛盾时，应本着公平对等的原则加以协调、平衡，既不能无视正当要求，也不能厚此薄彼。

5. 教育引导，培育市场

公共关系部完成其社会职能、促进社会发展，就需要加强教育引导，提高美誉度更需要教育引导。公共关系部的教育引导职能主要表现在对内、对外两个方面。对内，公共关系部的主要职能是传播公关意识，传播公共关系的思想和技巧，进行知识更新，不仅要对每个员工进行教育引导，也要说服组织领导接受公共关系思想。对外，公共关系部主要是对公众进行教育引导。人们常说"公众永远是对的"，这是从服务的角度将"正确"让给对方，但客观地讲，公众不可能永远正确，而需要加以引导。

另外，随着科技的突飞猛进、产品的极大丰富，需要公共关系来培育市场。公众不可能了解那么多的新产品，需要不断对其进行商品知识、消费知识、安全保险等方面的教育和引导，使消费群体与组织认同。

6. 科学预警，危机管理

组织危机是组织生存发展的大敌，处理不好往往给组织造成重大损失，甚至断送组织的"生命"，因此公共关系部将危机处理作为主要职能和工作重点之一。随着公关理论和实践的发展，事前预测管理危机已成为公共关系对待危机的主流方法，这是组织公共关系的新发展。

（二）公共关系部在组织中的地位

（1）公共关系部在组织中是资料存储中心：收集各种信息，向决策者汇报。美国最尖端的数据库可以按64个因素把美国人分成47组，在这里可以随时查到8 600万个家庭。这里可以查找到全美的公共情况。

（2）公共关系部在组织中是信息发布中心：它具有组织的"喉舌"功能。代表组织发布消息，通报情况。

（3）公共关系部在组织中是环境监测中心：监测环境及组织有关的各种因素的发展、变化，了解人们的心理需求。

（4）公共关系部在组织中是趋势预测中心：经过对组织信息的分析，做出组织发展趋势预测。20世纪60年代日本尼西奇公司原是个有30人的小厂，有一年根据日本人口普查得知，每年日本新生儿就有250万人，预测尿布市场大有可为。这个企业就改变企业的生产方向，经过努力一举成了日后全球最大的婴儿产品生产企业。

（5）公共关系部在组织中是公众接待中心：它实际上是组织与社会交流活动的代表。

据有关资料显示，美国400家大型企业总经理的工作时间中，用于参与公共关系活动的时间占25%~50%。美国企业2/3的公共关系部向企业最高领导（包括副董事长和副总经理）汇报工作。随着我国市场经济的发展，越来越多的企业在实践中感受到公共关系部对于组织发展的重要性。

（三）公共关系部的职责

（1）管理职能。公共关系部管理职能是社会组织对各类与公共关系相关的要素所实施的教育引导与协调沟通及规划控制等各项职能；建立并保持与政府对口部门、各种宣传媒介、有关社会团体的良好关系；协助市场部策划并实施公关、广告宣传活动，树立公司和产品的良好社会形象。

（2）传播性职能。公共关系部的传播性职能是指在公共关系活动中通过传播工作的实施与运行所能发挥出的有利组织发展的效用。主要内容包括采集信息、监测环境、组织宣传、创造气氛，交往沟通、协调关系，教育引导、服务社会。

如具体落实和不断完善企业形象识别系统的各项内容，设计制作公司、产品、包装的视觉识别物品，办理公司所有广告的发布和广告监测。

（3）决策性职能。公共关系部的决策性职能是指在公共关系活动中通过对重大活动的策划、管理与实施，对组织决策所能发挥的服务、指导与促进的效用。

主要内容包括咨询建议、决策参谋，发现问题、加强管理，防患未然、危机管理，创造效益、寻求发展。

（四）公共关系部的设置原则

由于各组织的规划工作内容不同，对公共活动的要求不同，因而所设公共关系部的结构、规模也会不同。但是任何一个组织在设公共关系部时，应遵循以下原则。

（1）精简的原则（规模适应性）：公共关系部规模的大小应与组织规模及其发展相适应。一般来说，企事业单位公关部门的人数，不能超过组织内部各管理机构的平均人数。据调查，美国年产值超过10亿美元的巨型企业的公共关系部人员平均为44人，一般中型企业平均为10余人，其他文教、医疗、工会、基金会等非营利性组织平均为6~7人。

（2）自我调节原则：它应具有一定的独立性，能在确定的范围内自主地履行职责，并能适应客观环境的变化，内部也要给各工作环境一定的灵活性。

（3）专业性原则：在组织上和工作内容上保证其正规性，以保证其工作顺利进行。另外队伍专业化，公共关系部的全体人员应具有强烈的公关意识，受过一定的专业训练，具有一定的专业水准和能力，具有开拓创新精神。

（4）协同性原则：对外主要起沟通作用，对内维系各部门之间的平衡。外求发展、内求团结。

（5）服务性原则：公共关系部接受组织最高领导层的领导，并对其负责。它不是领导部门，也不是经营部门，而是服务部门。

（6）针对性原则：要根据工作性质和组织面对的公众来设公共关系部。

（7）权力与责任相适应的原则。

（五）公共关系部的一般模式

公关部的组织机构没有固定的模式。

按工作方式和结构类型分类，公共关系部的组织类型可分为公共关系对象型、职能型、过程型和复合型几种类型。

（1）对象型（公众型）：按照不同公众设置内部组织结构（见图4-1）。

这种类型的优点是有利于熟悉自己的工作对象，了解其需要和反映，便于有针对性地开展公关活动。

第四章　公共关系的组织机构和公关人员

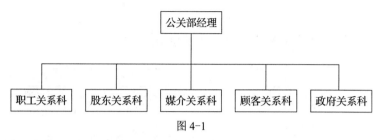

图 4-1

（2）职能型：按照公共关系职能分类设置其内部机构（见图 4-2）。

各职能部门配有专门业务人才处理公共关系活动中遇到的各类问题，提供决策咨询，适应复杂环境和满足大型组织管理需要。

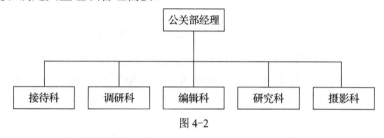

图 4-2

（3）过程型：按照公共关系过程分类设置其内部机构（见图 4-3）。

优点：公共关系部下属部门科室工作内容专业性强、工作范围集中、任务明确，易于积累。

缺点：整体性较差，协调不好会造成扯皮、推诿。

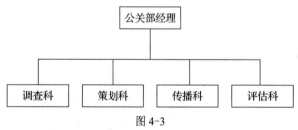

图 4-3

（4）综合型：按照实际工作需要几种类型合而为一，组成综合型结构（见图 4-4）。

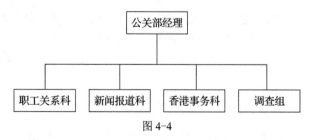

图 4-4

按领导方式分类，或从组织管理角度考虑，或从公共关系部在组织中的地位来考察，公共关系部的设置可分为四种类型：直属型、独立型、部门并列型、部门隶属型。

（1）直属型：公共关系部的负责人直接由组织最高决策层负责人兼任（见图 4-5）。

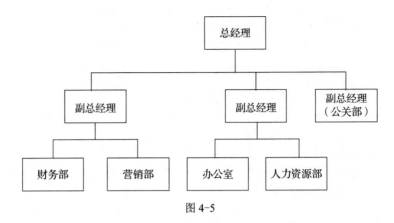

图4-5

特点：公共关系部的各种意见可以迅速反馈到最高决策层直接参与决策，具一定权威性，有利于组织各部门之间信息沟通与协调工作，及时了解组织内外各种意见和正确处理各种事务，多用于职能部门分工细、层次多的大中型企业。

（2）独立型：独立性公共关系部又称公共关系科，由三级机构的基层干部担任公共关系部负责人（见图4-6）。

特点：虽然是三级机构但是一个独立机构，由最高领导直接负责，经常参与组织的有关决策活动，职能部门分工较细、层次较多的中型企业的公共关系部常采用这种方式。

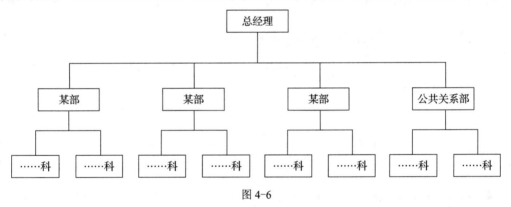

图4-6

（3）部门并列型：公共关系部与企业内部二级机构处于平等地位，对组织最高层直接负责，参与有关决策活动；对企业的经营决策可发挥一定影响；在对外关系中可充当最高决策者的全权代表；一些层次结构较为单一的中小型企业的公共关系部常采用此种模式（见图4-7）。

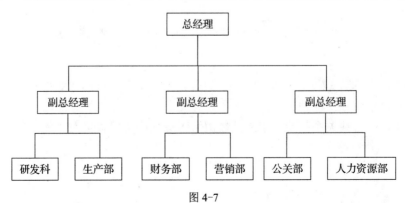

图4-7

（4）部门隶属型：公共关系部隶属于某一职能部门作为组织的三级机构，可隶属于宣传、广告、经营、销售、办公室等。公关部工作因附属部门不同而有所偏重。公共关系部隶属于某一部门，受组织的某一部门直接领导，处于管理的第三层。目前我国许多企业都是这样设置的（见图4-8）。

隶属于经营部门：主要强调公共关系部在生产营销、流通等环节上的作用。

隶属于销售部门：强调了公共关系部的促销功能。

属于广告宣传部门：侧重于公共关系部的传播功能。

属于广告人事部：侧重于公共关系部对内部人事的协调功能。

属于广告接待部：侧重于公共关系部的社交功能。

隶属于行政办公室：这种所属关系，公共关系部仍然和最高层比较接近，联系也比较方便，与隶属于其他部门的公共关系部比较，有利条件较多。

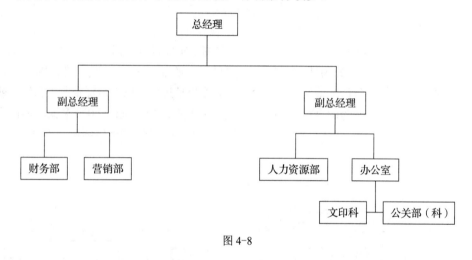

图4-8

按公共关系部的规模分类，公共关系部的设置可分为小、中、大三种类型。

（1）小型公共关系部：小型社会组织的公共关系部比较简单，两个层次——公共关系部负责人、具体办事人员。这种机构对组织大型活动或处理大的公关问题常有困难，一般依靠外聘顾问或代理公司协助解决（见图4-9）。

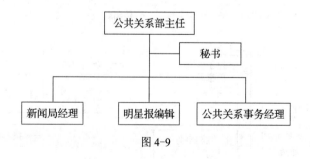

图4-9

（2）中型公共关系部：中型公共关系部则介于大型公共关系部和小型公共关系部之间，适合中等规模的社会组织。中型社会组织的公共关系部一般也要完成大型社会组织公共关系部的工作，只是分工不如大型的具体、细致，有的部门合并在一起了。麻雀虽小，五脏俱全（见图4-10）。

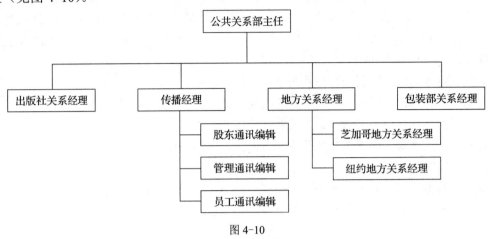

图4-10

特点：三个层次——公共关系部负责人、各职能部门、各业务科。

（3）大型公共关系部：分为四个层次——领导层、职能对象层、贯彻层、执行层。

其负责人一般由主管公共关系部的副总经理或副董事长担任，也有个别企业由总经理或董事长兼任。如美国大通银行是跨国金融机构，员工有3万多人，分支机构2 000多家，其银行企业传播部（公共关系部）有200多人，由一位高级副总裁担任部领导。组织结构如图4-11所示。

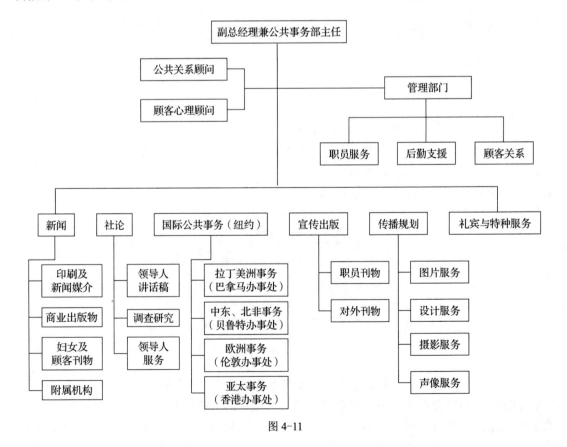

图4-11

总之，无论怎样设置，公共关系部要处理好与人事、财务等部门的关系，取得他们的支持。

二、公共关系公司

公共关系公司又称公共关系顾问公司或公共关系咨询公司，也简称为公关公司。它由各具专长的公共关系专家和公共关系人员组成。专门从事公共关系方面的有关咨询和公关活动，或受具体企事业单位的委托，为其开展公共关系工作提供设计方案、决策参考的社会服务机构。

1903 年，艾维李创立公关事务所，1920 年美国 N. W. 艾尔正式开办公关公司，公关公司在克服美国 20 世纪 30 年代经济危机中起了重要作用，从而确立了它在企业经营中的重要地位。到 20 世纪 40 年代美国至少有 75 家公关公司，1985 年约有 2 000 家，专业人员 15 万多人，光纽约就有 400 多家，英国 700 多家，日本 1 000 多家，而我国称得上公共关系公司的企业只有几十家。1986 年 7 月中国第一家公共关系公司——中国环球公共关系公司成立，由新华社和美国跨国公司"博雅公共关系公司"联合经营。之后，上海、广东、天津出现了一批专业公司。2017 年中国整个市场的年营业规模为 560 亿元人民币。

（一）公共关系公司的工作内容

公共关系公司的基本职能是为委托者（客户）提供供公共关系的全部或单项服务；对委托者的公共关系工作进行指导、监督，提出建议以及帮助或代替实施，帮助委托者沟通与社会公众之间的双向信息交流，目的在于为委托者建立良好的信誉和形象，以利于委托者的经营和发展。目前，随着新媒体的不断发展，公共关系的业务结构性变化且日益明显。新兴公共业务（数字化传播，新媒体营销）发展迅速。

公关公司的主要工作内容有以下几方面。

（1）确定目标，调查研究：公关公司根据委托者的实际状况与要求，确立公关工作的目标，然后通过调查研究，考察委托者为实现这些目标所依赖的社会因素中的不协调之处，并找出改变这种失调状况的办法。

（2）制造和实施计划。在确定目标，找出问题之后，和委托者一起制造出切实可行的公关计划，并帮助实施计划。

（3）帮助委托者编制公关预算。确定时间、预算资金等。

（4）帮助委托者开展内部、外部公共关系工作。

（5）协助委托者评价、估计公共关系实施的效果。

（6）提供大数据服务。

（7）新媒体传播。

以上是为委托者提供全部公共关系服务的一些内容，另外还开展一些单项服务，内容主要有以下几个方面：

（1）咨询性服务。由于公关公司具有经验丰富、专业水平高，对问题分析比较客观等优点，因此，即使设立了公共关系部的组织也常常请公共关系公司为其提供咨询服务，项目如下：

1）知名度和美誉度咨询。

2）公众意向情况咨询。把公众的各种态度、意向以及心理进行分析和预测，提供给委托者。

3）有关决策和实施情况的咨询。

4）大众传播媒介选择的咨询。选择何种媒介效果最佳且经济实惠等。

(2) 专门技术服务。如为委托者制造和实施传播计划、设计广告、开展产品推销活动。

(3) 为委托者策划大型会议，举办各种展览和赞助活动；为委托者制造有关方向的影像资料、视听资料以及提供商标、招牌、门面的设计和装修服务，为委托者撰写公文、讲稿、新闻稿等等。总之它以各种专门人才和专门设备为委托者从事各项公共关系实务。

(4) 职业培训服务。

（二）公共关系公司的组织机构

(1) 小型，平均为6人。

(2) 中型，7～25人。

(3) 大型，25人以上，有的数百人（博雅、伟达）。

从现代来看，公共关系公司与广告公司合营的较多，美国十大公共关系公司，六家是这样的。

公共关系公司部门设置：

(1) 行政部门。

(2) 审计部门。

(3) 专业部门。

(4) 国际业务部门。

（三）公共关系公司的工作原则

(1) 自觉遵守国家法律、法令和有关方针政策；

(2) 为客户保密，不干涉内务；

(3) 一切为客户着想；

(4) 讲求真实、准确；

(5) 避免为相互竞争的委托组织同时服务。

（四）公共关系公司收费的方式

(1) 项目收费（按单位收费），按每个项目收取一定的费用。

(2) 计时收费（美国1小时约30～50美元），按小时收费。

(3) 综合收费是按活动整体收费。

三、公共关系部和公共关系公司的利与弊

1. 公共关系部的优势

(1) 熟悉组织情况。最了解本组织的各部门之间的关系成员的状况，谁是关键人物，何处是关键环节等。并且内部有良好的人际关系。

(2) 能提供及时的公共关系服务，随时为组织领导提供业务咨询和建议。特别是能及时处理突发事件。

(3) 有利于保持公共关系工作的连续性和稳定性，有利于节约经费。比委托公共关系公司节约。

2. 公共关系部的不足之处

（1）职责不明，负担过重。有些领导把"三不管"的问题都交给"公关部"处理。

（2）看问题有时不够客观。即所谓"当事者迷"。因人事工资受制于本单位，担心得罪领导，违心地迎合领导，作不实报道（有报喜不报忧的），担心自己的前途等。

（3）总费用可能比聘请公关公司要多。如员工工资、购置办公设备、办公地点的租金、影视等器材购置。

（4）有可能成为组织的一种负担。有的为了赶时髦，东拼西凑，难以胜任工作，也得不到领导的重视。

3. 公共关系公司的优点

（1）职业水准比较高。它面向社会，广泛搜罗人才，它的人力和经验优势，能应付各种复杂局面，解决难题，比组织内部的公关部更为理想。

（2）看问题比较客观，不必受制单位领导，看问题不带主观想象和感情色彩。俗话说："旁观者清"。

（3）社会关系广泛。它与政府部门、财政部门、社会团体、各界名人有良好的关系，并与大众传媒关系良好。有利于提高知名度和美誉度。

（4）信息比较灵通。信息是公司的最大优势之一，人们评价公关公司的质量的一个方法就是看它掌握信息的多少。现代化的电子技术能提供快速、质量好的服务。

（5）机动性强，能集中人物、物力打"歼灭战"。

（6）建议容易被人们所重视。俗话说："远来的和尚会念经"。公关公司是由专家所组织的，公司是单位领导所聘请的，所以，其建议容易被领导重视。

（7）节约经费。特别是一些中小型企事业单位。

4. 公共关系公司的不足之处

（1）不太熟悉客户情况。特别是接受任务的初期，无法下手。

（2）工作缺乏连续、持久性。一般都是有问题时才求助于公关公司。另由于是收费制，也不可能长期聘用。

（3）远离客户。由于公司一般设在大城市，中小城市用起来不方便，特别是遇到紧急情况。

总结以上两种组织，当然要扬长避短，趋利避害，综合利用。即便是有公关部的组织，有的也聘请公关顾问，就是这个意思。如中国环球公关公司，曾接受美国联合技术公司的公关业务：提高在华的知名度，了解中国传播界的情况，为公关总裁访华制订公共计划，为该公司发新闻、安排专访等。

第二节 公共关系人员

公共关系人员，这是对从事公共关系工作的职业人员的称号，指的是以从事公共关系理论研究、教学活动和实践工作为职业的人员。

一、公关从业人员的基本素质

公关从业人员的基本素质首先应该是一种现代人的全面发展的素质。如：具有现代人的思维（开放、外向、求新），现代人的知识和能力结构，现代人的观念意识等。其次，结合公关职业特性，它专指以公共关系意识为核心，以自信、热情、开放的职业心理为基础，配之以公共关系专业知识结构和能力结构的一种整体职业素质。现从下面几方面谈谈。

（一）气质

气质指人相对稳定的个性特点，表现在人的情感、认识、语言和行动中比较稳定的心理特征。它是构成公关人员素质的重要方面。

从古希腊医学专家希波克拉底所揭示的胆汁质、多血质、黏液质、抑郁质四种气质类型看，他认为：胆汁质的人直率、热情、精力旺盛，但情绪易兴奋冲动，脾气多暴躁；多血质的人活泼、好动、敏感、反应迅速、善于交际，但注意力容易转移、兴趣较易变换，做事往往缺乏持久性；黏液质的人安静、稳重、沉着、善于忍耐，但沉默寡言，情绪不易外露、反应迟缓；抑郁质的人细心、谨慎、体验深刻，善于觉察别人不易觉察的小事物，但孤僻、忧郁、行动迟缓、疑虑重重。就这几类型而言，一般认为多血质类型的人更适合从事公共关系工作。多血质的人以其活泼、大方、机智、聪敏、善于交际、兴趣广泛的气质特征，能够使自己具有较强的凝聚力，使组织领导的决策和措施得到顺利贯彻和落实，并能较好地掌握公众的意见、态度和期望，使信息及时反馈。显然这是开展公共关系工作的优越条件。但要克服不能持之以恒的气质弱点。纯属某种气质类型的人极少，往往是介于二者之间，所以只要努力，克服自身的弱点，都可以从事公关行业。

（二）性格

性格是一种表现人的态度和行为方面的较稳定的心理特征，是个性的重要组成部分，与气质密切相关。

公关人员的性格要求：

（1）开朗、有耐心、能宽容。公关人员应宽宏大量、善解人意，处处为对手提供方便，不计较对手的小过失，还能给对手以"下台阶"的机会。不以自己的成功使对手感到尴尬。一个性格忧郁的人显然不适合公关工作。态度急躁、不能耐心说服别人，也不耐心听别人讲话，往往交谈无法深入。另言谈咄咄逼人，好为人师，容不得别人的人，容易使人际关系紧张，等等。

（2）沉着冷静和勇敢顽强。公关人员面临的人和事是非常复杂的。稍有不慎，就会铸成大错，所以遇事一定要沉着，做到忙而不乱，处乱不惊，有条不紊。

（3）富有幽默感。幽默是一门艺术，又是一门科学。可以说幽默是生活中的盐，是思想、学识、智慧和灵感在语言运用中的结晶，是人际关系的润滑剂和"维生素"。在不同的场合，针对不同对象，恰当地使用幽默，可以使人们摆脱窘境或消除敌意；可以有效地打击对方的攻击和侮辱；也可以用以对付别人的善意批评和自我解嘲。"真正的幽默，是指一个人宽大的胸襟、开阔的心境。"诙谐的语言必须格调高雅态度持重，不能把拙劣无聊的笑话当作幽默。

（三）品德

品德指人的品质和道德。由于公共关系人员所从事的是一种塑造组织形象的创造性劳动，是一项说服乃至征服公众的工作，这就要求其本身具备一种品德的魅力，这种魅力可以成为征服公众的法宝。心理学上的光环效应认为，如果某人的人格品德很完美，外貌与举止都很有魅力,在人们的心目中就会形成良好的印象,从而他就会被一种积极的、美好的光环笼罩着,人们就会不自觉地信任他。如果公共关系人员能被这种积极的、美好的光环所笼罩,他就会有极强的说服力。而这一光环来自公共关系人员公道正派的行为和真诚严谨的态度。坚持实事求是、公正无私、勤奋努力、乐于助人、光明磊落。

1996年12月14日,青岛第二酿酒厂为了提高其知名度,在青岛市东方华联、利群等六家大商厦门前,当众把瓶装"沽河"酒摔在地上引起人们的注意,此举却引起了社会各界的批评和指责,新闻界以"酒厂耍酒疯"为标题作了报道,留给公众一个荒唐企业的形象。

杭州某化妆品公司为了提高香水的知名度,把价值数十万元的香水洒在市内几条大街上。凡此种种,实在令人难以接受。可见公关策划应把握合适的"度",才能使公关活动既新颖独特又不失高雅得体。

上海狼牌运动鞋生产厂在上海动物园因经营紧张,面临倒闭之际,率先领养了动物园的狼群,并别出心裁地提出"与狼共存"的口号,自然贴切,既塑造了具有强烈社会责任感的企业形象,又与其经营业务相吻合,给人以天衣无缝之感。

哈尔滨可口可乐饮料厂,1993年在厂区和办公大楼区先建了两个"可口可乐希望小学",两年后,企业建成投产。1996年10月8日剪彩时,数百家单位来祝贺。这一做法体现了对儿童的关心,对社会的爱心,对未来的憧憬,体现出了公关活动的内容美。两所希望小学在先,装瓶厂和厂办公楼在后,构思颇具匠心,意境清新幽美,增强了人们的注意力,体现了公关活动的形式美。

香港一家公司,为宣传其新型保险柜的卓越功能,登出一则广告"10万美元寻找主人!本公司展厅保险柜里存有10万美元,在不弄响报警器的前提下,各路豪杰可用任何手段拿出享用"。广告一出,轰动全港。前往一试身手的人形形色色,有工人、学生、工程师、警察、侦探、甚至还有不露声色的小偷。但都没有人得手。报纸连续几天都为此事作免费报道,影响特大,这家公司的保险柜的声誉随之大增。

(四)智慧

公关工作的复杂多变,决定了其应有较高的智慧。特别是负责人,要面对问题、分析问题、抓住问题的主要矛盾,制定解决方案并付诸实施,因此要求较高的智慧。这样才能运用其丰富的想象力和创造力去策划各种别出心裁的公关活动。另外,从人际交往的角度看,聪明机灵的人更容易讨别人喜欢,很难想象一个愚笨的人会有良好的人际关系。但应注意公关人员在日常交际中,过分"精明"会降低对别人的吸引力。只有聪明、智慧、待人接物诚实的人,才容易被别人接受和喜爱。

(五)知识

公关人员的知识结构应是"T"字型。即专业知识要深,一般知识要博。

"丨"指公关的理论和公关技术应用:公关的理论有基本概念、由来、历史、职能、基本原则、三大要素、组织公众、传播的概念、类型、机构的构建原则、工作内容、基本工作程序。实务有策划、调研、实施、评估、公众分析、社交礼仪等。

"一"一般指与公关专业理论和技术相关的社会科学、自然科学及外语等。管理类:管理学、行为科学、市场营销学。传播类:传播学、新闻学、广告学等。社会与心理学类:

社会学、心理学、社会心理学。哲学、逻辑学（开车、美容、插花、烹饪、服务学）。

有人说"T"字型知识结构能使公关人员集"专才"与"通才"于一身，集科学与艺术于一炉，应具有哲学家的思维、经济家的头脑、组织家的才干、政治家的胸怀、外交家的纵横、企业家的胆识、军事家的果断、宣传家的技巧、战略家的眼光、幻想家的想象、律师的善辩和新闻记者的敏感。

（六）能力

知识是能力的基础，但不等于能力。能力是知识与经验的集合，是实践的产物。公关工作特别强调能力。

（1）组织能力，是指人们有计划、有步骤地从事某项活动、并使其达到预期目标的实际操作能力。有能力组织各种纪念活动。重大接待工作、庆典、公关联谊活动、记者招待会、新闻发布会。例如：北京亮马桥畔的中国最大购物中心——燕莎商业城。要举办开业典礼，要使其首次出现在公众面前具有良好的形象。公关人员必须就此项活动进行组织、筹划。其工作有：拟定出席典礼的宾客名单、安排典礼程序和接待事项，确定剪彩的人选，准备好致贺词的宾客名单和答词，仪式结束后，还要组织来宾参加本商场的服务设施，柜台布局、商品陈列等。公关人员就是这些活动的组织者、领导者。所以，除了周密计划外，还要有条不紊地进行，并使这些活动的参加者心情舒畅，留下深刻的印象，这对于提高组织的形象极为重要。

如为了庆祝广州亨氏营养食品中心开业，美国亨氏集团派出以总裁为首的庞大的代表团来参加开业剪彩活动。广州东方宾馆为了做好接待工作，以公关部为核心、精心设计和组织。他们动员了宾馆所有部门参加这次接待工作，并积极协调各个部门的工作，从组织专车车队，到选择餐桌上的花卉；从帮助解决通信联络，到为剪彩活动聘请舞狮队，每个环节都井井有条。这次公关部的出色工作，使这位常出入世界各大宾馆的亨氏总裁感到心满意足，对东方宾馆留下了深刻、美好的记忆。最后在该宾馆最高级的餐厅举行答谢宴会。

（2）表达能力是指运用语言、文字、动作等方式将自己的知识、观点、意见明确有效地传播给他人的能力。信息传播和沟通能否成功取决于人的表达能力。语言需要简洁、清楚、清晰、更需要感情。一次成功的微笑可以使你立足，一句真诚的赞美可以使你获得信赖，一个恰到好处的体态语可以使你的态度得到展示。一则趣味盎然的广告给你的组织带来财富，一场激烈的谈判可能会改变组织的历史进程。

表达能力包括演说的能力、解释的能力、说服的能力、谈判的能力、协调的能力、做结论的概括能力、文字写作的能力和非语言的传播能力，有以下三种表现。

1）文字表达：语言文字是一种武器，当你运用娴熟能够驾驭它以后，你就能成为它的主人。

1971年7月，基辛格秘密访华，会谈最后进入双方声明的字句谈判，当时美方为声明准备了一篇稿子，内容有一处关键文字："中国政府向尼克松发出访华邀请，尼克松表示乐于接受。"中方不能接受，希望改成："尼克松愿意访华，我们就提出邀请。"美方不同意，双方僵持不下。第二天谈判再度进行，基辛格有点急了，因他中午就要离开中国，在华期间又不能同美国通话，如果声明没谈成，就都吹了。这时周恩来也急了，马上把中方代表章文晋召去汇报。周恩来一看就说"这问题简单，在美方的字句前加上'获悉'二字。把句子改成:'获悉尼克松总统愿意访华,周恩来总理代表中国政府发出邀请'",基辛格非常高兴,马上同意。高兴地吃过午饭返美。

2)口头表达:口头表达与文字表达有相通之处,但并非一回事。传播学有个公式为

$$语言冲击力 = 0.07 \times 言辞 + 0.38 \times 声音 + 0.55 \times 面部表情$$

比如,有个领导给下属布置任务,有两种表达:

A."这件事明天必须完成,否则扣你的奖金。"

B."这是一项突然下达的任务,不能过明天,想来想去只有你最适合,任务交给你有把握,让人放心,希望你能帮帮忙,看你的了,有什么困难吗?"

第一种为命令式,对方可能会跳起来反驳,或消极怠工,甚至干脆不接受,也不要奖金。

第二种是商量式,对方会笑着说:"你这么看得起我,放心吧,我一定完成任务,绝不辜负你的信任。"

3)形体表达:也称动作表达或人体语言。主要用人的身体器官、躯干形态、手势、面部表情、下意识动作来表达。这些动作可以成为传达感情和交流信息的方式。

美国一学者指出,人的各种不同姿态组合,都会有不同的内容,大约可以做出1000多种姿态。如一个人歪着头听你讲话、可能是欣赏的态度,平着头听你讲话可能是认真的态度;左顾右盼可能是不专心的态度;摇头晃脑可能是心不在焉或不耐烦的态度。如双方谈判,有一方有意在桌上顿一下茶杯,可能引起对方抗议、不满、中断谈判。另外,颜色、气味、形态、人与人的距离,位置等都会传达一定的信息。

(3)宣传推广能力是公关人员必备的一种实际工作能力。一切公关活动,都是运用各种宣传方式引导舆论、促成舆论,从而提高组织的声望和信誉。组织要想在社会公众的心里取得信誉,除了把自身的工作做好以外,就要围绕树立形象和保持信誉这两方面做好宣传工作,现代市场学已把公关作为促进销售的重要手段。

第九届春季国际博览会在保加利亚普罗夫迪夫市举行。来自50个国家的1000多家公司的一万多种产品参展。贵州鸭溪窖酒厂作为中国名酒之一,在参展的1000多种外国名酒的角逐中,力挫群芳,夺得唯一的一块酒类金牌。古语说"好酒不怕巷子深",用现代公关观点看,此话已过时,好酒也须出深巷,也须借助于有效的公关宣传,方能在名酒林立的国际博览会上让洋人识得庐山真面目。鸭溪窖酒厂的公关负责人知道,贵州茅台酒在巴拿马国际博览会上,是靠摔碎酒瓶让香气四溢征服了所有评判官而获金奖的。在普罗夫迪市,鸭酒厂的公关人员如法炮制,他们主动打开酒瓶让参观者亲口品尝,一显"酒中美人"的特有风姿。这一招果然灵验,他们还倒出一大碗鸭溪窖酒,放在冷风机下,美酒芳香顿时弥漫全部大厅,闻者无不上前探视,刹那间,人群像潮涌般涌向鸭溪窖酒柜台,围观、品尝、询问令工作人员应接不暇。几天中,近5000名不同国家、不同肤色的人品尝了鸭溪窖酒,近千人在留言簿上写下了赞美之词。宣传材料、空酒瓶、就连空纸盒也天天被一抢而空。中国-鸭溪,声名鹊起,博得了与会者的好评。

再如美国迪士尼乐园的形象就是被誉为"迷人王国"的动画世界,游客一进去就有化妆成米老鼠的人跳来握手。1955年开办以来接待了数亿观众。

(4)社交能力是衡量一个现代人能否适应开放社会的标准之一。缺乏社交能力的人,往往会把自己与周围的人群之间形成一道无形的心理屏障,是不可能完成自己所担负的工

作的。公关人员是本组织形象的体现者和代言人，肩负着沟通公众、环境、社会的重任，他们只有具备较强的社交能力，才能大胆潇洒地走向各种社交场合施展自己的魅力和才能，树立起本人的良好形象，并为树立组织的良好形象展开有力的社交攻势。

社交能力往往是一个人多方面能力的综合表现。诸如表达能力，组织领导能力，应变能力，逻辑思维能力，介绍他人的能力，与人相处的能力，倾听、赞美、理解他人的能力，吸引、影响、改变、支配别人行为的能力等。如申办2022年冬季奥运会的宣传，北京一张家口，波兰的克拉克夫，挪威的奥斯陆，乌克兰的利沃夫，哈萨克斯坦的阿拉木图争相宣传自己。

公关人员的社交能力还应表现在通晓各种社交场合的礼仪规范。如：日常生活礼节、对外交往礼节、各种宴会礼节、公共场合礼节。通晓和遵守一定的社交礼仪，是一种对自己和他人的尊重，也是一种知识和教养的体现。

（5）创新能力是指人创立新思想、新的事物和新的环境，以满足自我实现或适应自我变化的能力。同行竞争中只有不断求新、求异才能技高一筹，领先一步，才能达到扩大影响、树立形象、推销产品、争取公众的目的。这就要求想别人没想的，做别人没做的，突破常规，大胆设想。

（6）应变能力是应付情况突然变化的能力。公关人员在工作中可能会遇到一些令人尴尬的事和场合，甚至发生意外。这就需要遇事冷静、处乱不惊，以自己的语言和行动挽救失误。如：某酒店以代办喜庆筵席享有盛名。一日晚，正值厅内宾主十分闹腾之际，不料突然停电，顿时一片漆黑，宾主正在惊愕和扫兴，只听餐厅经理高声道："各位来宾，下一个节目请新郎新娘为大家点燃蜡烛。让我们鼓掌感谢新郎新娘，感谢他俩亲手为大家献上一片光明。"话毕，服务员呈上烛台十余盏。全场欢声如雷，胜似当初。此后，这家饭店真有了点蜡烛的节目了。

（7）自我控制能力，即自控能力。如有人平白无故地指责你，你该怎么办？以微笑服务著称的公关人员，遇到这种情况要有很强的自制能力。应学会"忍"，这是真诚、涵养性强的表现。"顾客就是上帝"。

一次有家宾馆来了几个美国客人，他们或者不了解中国，或者对中国有偏见。对宾馆的设备、饭菜都过于挑剔。住五天内，天天向公关部打电话反映问题。起初他们还能认真听，后来就不耐烦了。美国人临走时说（打电话）："我们反映的问题，一个也没解决，真是太遗憾了。"公关部的服务人员反唇相讥："倘若你们以后来中国，就请到别的饭店体验一下吧！"于是一场舌战开始了。美国人走时在房间里留了一个英文纸条，上写："世界第一差"。公关人员自控力差，使该宾馆的形象受到了损害。这位人员被经理调离了公关部。

总之，公关是一门专业性很强的职业，除广博的知识、多方面的修养和能力外，还需掌握一些实用性的知识技能，如舞场上擅长各种舞步，能掌握和灵活运用摄影、设计、编辑、网络宣传、民意测验等知识，还有一定的审美能力，掌握一定的如书法、下棋、桥牌、烹调等一系列的有利于社会交往的娱乐方式和艺术手段，将是"锦上添花"。

二、公关人员的培养和考评

选拔和培养公共关系人员，是当前开展公共关系工作和发展公共关系事业的一项迫切任务。重要意义在于：公共关系是一项社会工作，为了组织的兴旺发达，必须要求这项工作的从业人员有较高的业务技能和文化修养。

（1）选拔公共关系人员的原则：因人施任、任人唯贤；广选博择、正视能力；取人之长，忍人之短。

（2）公共关系人员的培养目标：公共关系的人才培养应该朝两个方向努力。

通才式的公共关系人才——知识面广、头脑灵活、思路开阔、考虑问题周全，并有较全面的智力结构、能力结构和完整的性格结构，在工作中能够独当一面，担任公共关系工作的组织者和指挥者。

专才式的公共关系人才——精通某一方面的公共关系技术，如新闻写作、广告、美工制作、摄影、书法、绘画、市场分析、资料编辑等。

根据美国公关协会的调查：从事公关工作的现职人员，系统学习过新闻学的占 30.3%，学过语言学的占 20.5%，学过经济学的 8.3%，学过历史学的 6.3%，学过政治学的 6.1%，学过经营管理的 4.9%，学过心理学的占 4.3%。

第五章　公共关系的对象分析

第一节　公众的含义和特征

一、公众的含义

公众是与特定的公共关系主体相互联系及相互作用的个人、群体或组织的总和，是公共关系工作对象的总称。

二、公众的特征

1. 整体性

公众不是单一的群体，而是与某一组织运行有关的整体环境。任何组织的生存和发展都离不开一定的公众环境。比如一家企业，既有内部的职工公众、股东公众，又有外界的社会公众；不仅包括市场上的顾客、销售商，还包括社区、政府、新闻界、文化界、体育界等有关团体、组织和个人。公关工作不可只注意其中某一类公众，而忽略其他公众。对其中任何一种公众的疏忽，都可能致使整个公众环境的恶化。公众环境恶化必然影响组织的生存与发展。

2. 共同性

当某一群人，某一社会阶层，某些社会团体因为某种共同性而发生内在联系时，便成为一类公众。如表面上看相互间并没有联系的许多个人或团体，因同处一个社区，都面临着某家工厂的污染威胁，从而使他们的态度和行为具有内在联系。

3. 多样性

具体的公众形式可以是个人，可以是群体，也可以是团体或组织。

4. 变化性

公众不是封闭僵化的，一成不变的，而是一个开放的系统，处于不断变化发展的过程之中。任何组织面临的公众，其性质、形式、数量、范围等均会随主体条件、客观环境的变化而变化。如某一产品多年形式不变，口味不变，有可能一部分公众将被新异的产品吸引去，而冷落原来使用的产品。

根据公关活动三要素看，公众是公关活动的重要组成部分。美国福特汽车公司副总裁埃德森·P.威廉认为："假如你把为顾客服务看作中心目标的话，利润也就会随之而来。"

第二节　公众的分类

一、不同的组织有不同的公众

按组织的社会职能划分，可以区分为经济组织、政治组织、文化组织等等，不同的组织面临的公众是不一样的。

二、同一组织有不同的公众

由于利益的相关点不同，需求或问题性质的不同，一个组织会面临不同的公众。比如一家企业，由于内外部经营的复杂性，公众异常复杂：股东关系、雇员主顾关系、社区、消费者、竞争者、原材料供应者、批发商、经销商、公务员、金融机构、报界、劳工、工会、学校、政治团体、同业团体、工业界等，同一公众又有不同的需求和愿望。

三、同一种公众有不同的分类

（1）根据关系的重要程度可分为首要公众和次要公众。

首要公众关系到组织生死存亡，决定组织成败的公众，比如酒店宾馆中宾客关系中的主要顾客。次要公众对组织发展有一定影响，但没有决定性意义的关系。

（2）根据公众对组织的态度，可将公众区分为顺意公众，逆意公众，边缘公众。

顺意公众是指那些对组织的政策，行为和产品持赞成意向和支持态度的公众。逆意公众是指对组织的政策、行为或产品持否定态度和反对态度的公众。边缘公众是对组织持中间态度、观点和意向不明的公众。但这部分公众又是公众里的大部分，我们所做的广告、宣传都是在争取这部分公众。

（3）根据公众构成的稳定性程度可区分为临时公众、周期公众、稳定公众。

临时公众是因某一临时因素、偶然事件或专题活动而形成的公众。比如因为飞机航班误点而滞留在机场的旅客，足球场闹事的球迷，上街游行示威的队伍等。

周期公众是按一定规律和周期出现的公众，如逢节假日的游客，招生时节的考生及家长。

稳定公众即具有稳定结构和稳定关系的公众。如老主顾、常客、社区人士等。报纸、杂志都有一批读者群。

临时公众、周期公众、稳定公众划分是制定公共关系的临时性政策、周期性政策和稳定性策略的依据。

（4）根据组织的价值判断，可分为受欢迎的公众、不受欢迎的公众、被追求的公众。

受欢迎的公众，是完全迎合组织的需要并主动上门对组织表示兴趣和交往意向的公众。这是一种两相情愿、一拍即合的关系。如自愿投资者、慕名而来的顾客，为组织写文章的记者。

不受欢迎的公众，违背组织的利益和愿望、对组织构成潜在或现实威胁的公众，对组织来说这是一批"入侵者"。

被追求的公众，指很符合组织的利益和需要，但对组织却不感兴趣，缺乏交往意愿的公众。这是一种求之不得、难以如愿的关系。如著名的记者、社会名流均可能是被追求的公众，可产生名人效应，形成热点。

（5）根据公众发展过程的不同阶段的特点可分为非公众、潜在公众、知晓公众、行动公众。

非公众指处在某组织的影响范围之中，但却与该组织无关，其观点、态度和行为不受该组织的影响，也不对该组织产生作用的公众。区分这个，可减少公共关系工作的盲目性，减少浪费。

潜在公众指由于潜在的公共关系问题而形成的潜伏公众、隐患公众、隐蔽公众、未来公众。由于某个潜在问题的存在，而有可能引起与之发生关系的公众。

知晓公众指与组织面临共同的问题，并意识到问题的存在，所以对组织方面的信息发生兴趣，虽然还未采取行动，但这种行动迟早要发生。

尼克格在处理美国水门事件时，由于没有正视知晓公众的诉求，失去了引导公众舆论的时机，自己越来越被动，最后只好辞职。尼克松说：这完全是公共关系的失策。

行动公众就是知晓公众发展的结果。这时，公众不仅要发表意见，而且要采取行动，对组织构成压力，迫使组织必须采取相应的行动。高超的公关行动方案应使行动公众的压力转变为动力，变为对组织有用的合力。

第三节　目标公众分析

对公众进行较为具体分类的开创者是美国的杰瑞，他为组织确定了以下重要公众：媒介、雇员、社区、政府、投资者、消费者和特殊公众。任何特定公众，不管他们属于什么类型，都可能成为公共关系工作的中心对象。这些被筛选出来的公众被称为"目标公众"或"优先公众"。

一、按照重要程度分类

首要公众。关系到组织生死存亡、决定组织成败的那部分公众对象。

次要公众。那些对组织的生存和发展有一定影响，但没有决定性意义的公众对象。

非公众。与组织无关，其观点、态度和行为不受组织的影响，也不对组织产生作用的公众群体。

二、按照关系分类

内部公众。组织内部沟通、传播的对象，包括组织内部全体成员构成的公众群体。

社区公众。组织所在地的区域关系对象，包括当地的管理部门、地方团体组织、左邻右舍的居民百姓。社区关系亦称区域关系、地方关系、睦邻关系。

顾客公众。购买、使用本组织提供的产品或服务的个人、团体或组织。

媒介公众。新闻传播机构及其工作人员。

政府公众。政府各行政机构及其工作人员，即组织与政府沟通的具体对象。

名流公众。那些对社会舆论和社会生活具有较大的影响力和号召力的有名望人士。

国际公众。一个组织的产品、人员及其活动进入国际范围，对别国的公众产生影响，并需要了解和适应对象国的公众环境的时候，该组织所面对的不同国家、地区的公众对象。

三、企业公众关系分析

良好的消费者关系能帮企业树立正确的经营思想，企业公众关系包括员工关系、股东关系、消费者关系、社区关系、政府关系、媒介关系、名流关系和国际公众关系等。

1. 员工关系

不同于一般的人事关系和劳动关系，其最主要的责任是要实现一种介于组织管理者与员工之间双方的良好沟通，促使组织的决策及行为能充分体现组织与员工双方的共同利益，能同时反映双方的愿望和要求，同时说服员工将个体利益目标追求寓于组织整体利益目标之中，达成双方的相互信任与合作关系。烽火猎聘资深专家认为员工是形成组织力量的主体，是组织创一流产品或服务的主力军，是塑造和推销组织形象的积极因素。建立良好的员工关系，可以培养组织成员的认同感和归属感，形成向心力和凝聚力。其意义主要表现在以下两个方面：组织需要通过员工的认可和支持来增加内聚力；组织需要通过全员公共关系来增强外张力。

2. 消费者关系

可以说，失去了消费者，便没有了组织生存的基础；反之，了解消费者需求、掌握了消费者需求脉搏，社会组织就拥有了一个生存空间。建立良好的消费者关系的目的，是为了促使消费者形成对组织及产品的良好印象和评价，提高组织及产品的知名度和美誉度，增加对市场的影响力和吸引力，为实现组织和消费者公众的共同利益服务。

建立良好的消费者关系的重要意义主要表现在以下三方面。

（1）良好的消费者关系能够为企业带来直接利益。对于企业来说，消费者就是市场，有了消费者就有了市场，满足了消费者的需求，企业的经济效益就能够实现。得人心者得市场，良好的消费者关系是企业经营的生命线，可以给组织带来直接的经济利益。

（2）建立良好的消费者关系能够帮助企业树立正确的经营思想。"利润第一"还是"消费者第一"，是两种根本对立的经营观念。企业要实现自己的目标，最根本的任务就是使其产品和提供的服务得到消费者的认可和接受。企业认真做好消费者的公共关系工作，就是要树立消费者就是朋友的思想，不仅要满足消费者物质消费的需求，还要满足消费者信息知晓的需求、情感的需求、选择的需求、表达和参与等精神方面的需求，从而达到经济效益和社会效益的统一。

（3）良好的消费者关系能够形成稳定的消费者系列。认真做好消费者公共关系工作能够培养具有现代消费意识、自觉维护消费者权利的消费者公众，能为现代社会营造一个健康、良好、稳定的消费公众环境，即培养消费者的需求意识。总之，企业要扮演起消费者的教育、引导和组织的角色，与消费者一起设计生活、美化生活，从而形成和谐的消费者关系。

3. 媒介关系

含有双重人格关系：①大众传播是社会组织与其他公众信息沟通的"中介"环节；②大众传播本身也是社会组织的目标公众。保持与媒体的良好关系是公共关系的重要内容。新闻界公众是公共关系工作对象中最敏感、最重要的一部分。在信息化社会，人们对任何组织及产品的了解，已不再停留在亲眼目睹的直接接触阶段，更多的是通过传媒宣传对组织及产品留下印象。因此，建立良好的媒介关系的目的，就是争取新闻传播媒介对组织的了解、理解和支持，以便形成对本组织生存与发展有利的舆论气氛，并通过新闻媒介实现与大众的广泛沟通，密切保持组织与社会公众之间的联系。建立良好媒介关系的重要意义主要表现在良好的媒介关系就等于良好的舆论关系，建立良好的媒介关系是运用大众传播手段的前提。

4. 社区关系

社区公众是组织所在地的区域关系对象，包括当地的管理部门、地方团体组织、左邻右舍的居民百姓。建立良好的社区关系是为了争取社区公众对组织的了解、理解和支持，为组织创造一个稳固的生存环境；同时体现组织对社区的责任和义务，通过社区关系扩大组织在本区域的影响。其重要意义主要表现在社区关系直接影响着组织的生存环境，社区关系直接影响着组织的公众形象。

5. 政府关系

政府是国家权力的执行者，是对社会进行统一、有序管理的权力机构。但在政府与社会组织之间的这种管辖与被管辖关系之中，还存在着一种互相了解、互相沟通的关系。政府公众是所有传播沟通对象中最具社会权威性的对象。社会组织必须与政府各职能部门建立和保持良好的沟通，这是组织生存与发展的重要保障和条件。建立良好的政府关系的目的就是争取政府对组织或企业的了解、信任与支持，为组织的生存和发展争取良好的政策环境、法律环境、行政支持和社会政治支持。其重要意义主要表现在：政府的认可和支持是最具权威性和影响力；建立良好的政府关系能够为组织赢得好的发展环境。因此，组织应该主动建立和加强自己与政府有关部门之间的双向沟通。社会组织要寻求政府公众的理解与支持，就必须充分认识到公众利益对于组织利益、社会责任对于组织责任的重要性。组织既要有报效国家之心，又要将其在行为上、决策过程中充分体现出来，做一个社会公益事业的热心倡导者和积极拥护者，以此作为对政府工作的一种支持，以行动赢得政府公众的高度认同与厚爱。

6. 股东关系

从本质上说，股东关系属于内部关系。但从形式上看，由于存在众多的、分散的股东，它又似外部关系。实际上，这是一种分散于外部的内部关系。股东们是一群具有"老板意识"的外行，但他们又是企业的"财源"和"权源"所在（是针对股份制企业来说的）。建立良好的股东关系是保证企业继续发展的重要条件。股东公众的主要特点有：相关性、复杂性。

7. 名流关系

社会名流是指那些对公众舆论和社会生活具有较大影响的人物，如工商界、金融界首脑人物，科学界、教育界、学术界的权威人士，文化、艺术、影视、体育等方面的明星，新闻出版界的名记者、名编辑等。这类关系对象的数量有限，但质量很好，能在舆论传播中迅速"聚集"，影响力很强。建立良好的名流关系，借助于名流的知名度，有利于扩大企业或组织的公共关系网络，扩大企业或组织的社会影响，丰满企业或组织的外在形象。名流公众的主要特点是有极高的影响力，但缺乏稳定性。

8. 国际公众关系

国际公众包括对象国的政府、合作伙伴、媒介、顾客等。国际公众关系的一个显著特点就是跨文化传播与沟通，将涉及不同的语言、文字、历史、风俗、社会制度和公众心理等。

第六章 公共关系的传播媒介与沟通原则

第一节 公共关系的传播媒介

一、传播的基本含义

（一）定义

传播是社会组织利用各种媒介，将信息或观点有计划地与公众进行交流的沟通活动。其基本含义包括以下两方面：

（1）有计划的完整的行动过程。符合传播学的"5个W模式"：Who（谁）；Say what（说什么）；Through which channel（通过什么渠道）；To Whom（对谁说的）；With What effect（产生什么效果）。

（2）传播是一种信息的分享活动。这不是一般意义上的单向性信息传递，而是通过双向的信息沟通，使双方在利益限度内最大程度地取得理解、达成共识。

（二）传播的基本要素

公共关系的主体要素是社会组织，客体要素是社会公众，连接主体与客体的中间环节，手段要素是信息传播。这三个要素构成了公共关系的基本范畴。传播要素是任何一次完整的传播活动都必须包含的因素，这些要素相互作用、不断变化的过程构成了传播过程。传播过程通常被认为是由五个基本要素组成的，这五个要素是：信源和信宿、信息、媒介、信道和反馈。

（三）传播的隐含要素

（1）时空环境。时间是指在什么时间传播效果最佳。如上课上午比下午效果好，春天比夏天好。空间环境有两个方面的要求：一是座位的设置、排列，二是交流环境的气氛。一般向员工作报告，以并排同向教室型座位排列为好，以避免横向沟通；如果是联谊会，采用围桌而坐，谈心也以并排同向。

（2）心理因素。是指信息接受者的情感心理状态。心理学揭示：凡是在一定活动中伴随着使人"愉悦"的情绪体验，都能使这种活动得到强化，而"不满意"的情绪体验，则使这种活动受到抑制。如果没有心理上的沟通，是无法获得最佳的传播效果的。

（3）文化背景。传播是一种文化现象。如，黄河——母亲河！不同的经济环境、风俗习惯、民族心理、性格特征、思维方式和价值观念等，使人们对同一信息内容可能产生不同的直观感受。

（4）信誉意识包括两方面，一是传播内容的可信度，二是指传播者被受众所信赖的程度。在传播过程中为增加信息的权威性，广告中往往利用用户的赞誉、权威机构的鉴定、获奖等增加可信度。为了增加可信赖度，借助于名人、专家、学者来宣传。

（四）传播的模式

1. 传统的线性传播模式

由香农和韦弗提出的"传播数学理论"，在香农-韦弗模式中，传播被描述为一种直线性的单向过程，包括了信息源、发射器、信道、接受器、信息接受者以及噪声六个因素，其中发射器起编码功能，接受器起译码功能。资讯来源从所有可能的资讯中选择了一个他所想要的信息，把信息透过传播工具（麦克风）传播出去，变成信号，如果在电话中传播，这些信号就是电的振动，而传播的通道就是电线。信号接收器（耳机）收到了，又变回一种信息，然后传达到目的地——接听的人。在传递过程中，这些信号一定会受到某种程度的曲解和误解，称为"噪声"。噪声是指任何干扰信息传递或使之失真的因素。

特点：①基于信息论范畴讨论传播问题，技术特征，有数学公式加以推导。②将传播描述为一种直线、单向的过程，包括5个需要完成的正功能。③设置"噪声"这个负功能因素，讨论传播过程中的信息损失。

与拉斯韦尔模式相比，香农-韦弗模式多了"干扰"因素。这也是香农-韦弗模式的一大优点。这样，传播的信息中就不仅仅包括"有效信息"，还包括重复的那部分信息即"冗余"。传播过程中出现噪音时，要力争处理好有效信息和冗余信息之间的平衡。冗余信息的出现会使一定时间内所能传递的有效信息有减少。

香农-韦弗模式也有自身的缺陷。他们未能在模式中更多地顾及人的因素、社会因素、忽视了信息的内容等。后来，这一模式又加入了反馈系统，在一定程度上体现了信息的双向性，使之更接近人类传播的一般过程。

2. 新型的控制论传播模式

这种模式是一种双向的循环式运动过程。它与传统线性传播模式的根本区别在于：①它引进了反馈机制，将反馈过程与传受双方的互动过程联系起来，把传播理解为一种互动的、循环往复的过程。②在这一循环系统中，反馈还对传播系统及其过程构成一种自我调节和控制。传授的双方要使传播维持、发展下去，达到一定的目的，就必须根据反馈信息，调节自身的行为，从而使整个传播系统基本上始终处于良性循环的可控状态。如两个人交谈，甲向乙说话，甲想知道信息是怎样被对方接受或如何被对方加以解释，而另一方乙很自然地加以简单的话语或表情，来对甲加以反应，甲对乙反应的了解，就是"反馈"。一个经验丰富的传播者会时刻注意反馈，并且会时刻依据反馈来修改它的信息。所以"反馈"在传播过程中担任着很重要的角色。

（五）传播的类型

随着人类社会传播媒介的发展，传播的方式也在发生变化，下文介绍四种基本传播方式。

1. 自身传播

又叫人的内向交流和个人的自我沟通。沟通的双方是一个人，是自己与自己沟通。表现为自言自语，自问自答，自我发泄，自我陶醉，自我反省，自我斗争和沉思默想。如一事当前，你是去，还是不去，你的内心将是两种力量的争斗，于是正反两方面各自发生传播运动。

2. 人际传播

人际传播指人与人之间的沟通交流。沟通的双方是两个人，是一个人与另一个人之间的交流。表现形式分面对面的直接沟通和非面对面的直接沟通两种。前者通过语言、手势、姿态、表情等直接沟通，能立即得到反馈。后者通过电话、电报、书信、便条等媒介进行沟通。

优点：

（1）使人感到真挚、亲切、容易建立感情。

（2）信息真实，不易"变形"和"走样"，说服力强。人们常用"亲眼所见""耳闻目睹"来强调信息的可靠。

（3）信息反馈及时，由于直接交往，发出去的信息可得到及时的反馈，传播者可通过对方的姿态、动作、表情及语言，了解信息发出后引起的反应。并据此来检查自己的传播行为，纠正偏差和强化效果。

人际传播这种方式在树立形象上有它特殊的功效。人们往往把自己的亲身体验相互传播。无论好事、坏事、一传十、十传百，比官方发布正式消息起的的作用大得多。如服务性企业强调"微笑服务"就是通过人际交往树立良好形象。

3. 组织传播

这种传播指的是组织和组织成员，组织和所处环境之间的沟通交流。

组织传播一般有三种渠道：

（1）上行沟通：自下而上的沟通形式，是广大职工向上级领导反映情况、汇报工作、提出建议的正常渠道。上级领导主动搜集信息、征求意见、听取汇报，也属上行沟通。上行沟通最好采取"直接"的方式，以减少间接的传递、避免出现失真和误时等现象。

（2）下行沟通：自上而下的沟通，是上级领导将政策、命令、决议传达给下级。有口头、书面、直接、间接等形式。下行沟通一般信息量较小，干扰较多，直接影响沟通效果。

（3）平行沟通：同级之间的沟通形式，是组织内部的同级机构或同级人员之间，为了相互配合，彼此支持，解除误会，避免扯皮，消除冲突的重要方式。可促进协调，有利于提高工作效率。

4. 大众传播

这种传播是指职业传播者通过大众传播媒介（报纸、杂志、广播、电视、电脑）将大量复制的信息传递给分散的公众的一种传播活动。

二、公共关系的传播媒介

（一）公共关系传播媒介的种类

1. 符号媒介

（1）有声语言媒介：方式有答记者问、与员工谈心、电话通信、内外谈判、演说、为宾客致迎送辞。

特点：信息反馈迅速、形式灵活、传播效果明显。

（2）有声非语言媒介：方式有说话时重读、语调、笑声和掌声。

特点：可以是赞成，也可以是否定。

（3）无声语言媒介：方式有谈判决议、会议纪要、社交书信、调查报告、电文、通知、通讯、公关简报。

特点：超时空、语言便于斟酌。

（4）无声非语言媒介：指人的各种人体语言。它以人的动作、表情、界域、服饰等来传递信息的一种无声伴随语言。

2. 实物媒介

实物充当了信息传递的载体，包括产品、象征物、公共关系礼品。

（1）产品：产品运载信息的要素有品牌、商标、包装、外表形态、内在质量、售后服务以及广告设计。

（2）公共关系礼品：没有进入流通的物品，名特产品、微型样品。一般应根据公关目标设计制作，让其成为传递组织信息的一种载体。公共关系礼品的交际价值大于使用价值。因它有信息价值和情感价值的成分。此外，还有象征物、购物袋、餐厅内的烟缸、火机等。

3. 人体媒介

借助人的行为，服饰、素质、社会影响来作为传递信息的载体。包括组织成员的形象（领导、员工）、社会名流、新闻人物以及能影响社会舆论的其他公众。

以上三种媒介各有特点：

（1）符号媒介：使用方便、运用广泛、信息反馈周期短。

（2）实物媒介：可信度高、产品传递的信息较可靠。

（3）人体媒介：虽不如符号媒介广泛，不如实物媒介牢靠，但容易建立双方的感情沟通。

只有恰到好处的使用三种传播媒介，才能获得最佳的传播效果。

（二）大众传播媒介

1. 印刷类大众传播媒介

图书、报纸、杂志。特点：①读者主动，可以选择内容、时间。②容量巨大。③便于保存。④印刷媒介制作容易、成本较低。⑤印刷媒介传播速度不是太快。它传播的信息不如电视、广播迅速、及时、生动逼真。特别是图书杂志出版周期长，报纸的出版时间最短也要一天，无法消除事件发生时间和报道时间的间隔，而广播电视通过各种先进技术（卫星传播）可以做到事件发生和报道时间的同时性。因而广播电视传播具有具体、形象、逼真、感染力强的特点。⑥印刷媒介受众面较窄。印刷媒介的读者须具有一定文化水平和理解能力，故受众面窄（有些内容还要求一定的文化水准），而广播、电视传播的信息形象和口语化，不识字的人也能明白节目的内容，因而受众面广，对公众影响力大。

2. 电子类大众传播媒介

广播是覆盖面积最广的一种电子大众传媒。特别是我国，优点是收听不受环境限制，收听对象广泛，成本低。但瞬息即逝，选择性差，保留性差。

电视是时代最强有力的一种新兴的大众传播媒介。电视集音响、图像、动作、色彩于一身。在传播信息过程中能同时诉诸人的听觉和视觉，形象生动、真实感强、最易激发人的兴趣和抓住人的注意力。现在人们针对广播电视的缺点，可利用录音、录像机保留资料。

"互联网媒体"又称"网络媒体"，就是借助国际互联网这个信息传播平台，以电脑、电视机以及移动电话等为终端，以文字、声音、图像等形式来传播新闻信息的一种数字化、多媒体的传播媒介。互联网媒体相对于早已诞生的报纸、广播、电视等媒体而言，又是"第四媒体"。从严格意义上说，互联网媒体是指国际互联网被人们所利用的进行新闻信息传播的那部分传播工具性能。

网络媒体是真正的数字化媒体。数字化是互联网媒体存在的前提。正像原子是构成物质世界的基本单元一样，比特是构成信息世界的基本单元。在互联网上无论是文字、图像、声音，归根到底都是通过"0"和"1"这两个数字信号的不同组合来表达。这使得信息第一次不仅在内容上，而且在形式上获得了同一性。数字化革命的意义不仅是便于复制和传送，更重要的是方便不同形式的信息之间的相互转换，如将文字转换为声音。

就范围而言，与传统媒体的传播相比，网络传播的范围更广，具有全球性。这种全球性，实际上也表明了网络的传播具有一种开放性的特征。这就意味着我们使用的这个网络，不管是谁发明了它，都是属于全人类的。这种"全球性"并不是一个政治口号，而是有技术保证的。互联网的结构是按照"包切换"的方式连接的分布式网络。因此在技术的层面上，互联网不存在中央控制的问题。也就是说，不可能存在某一个国家或者某一个利益集团通过某种技术手段来完全控制互联网的问题。反过来，也无法把互联网封闭在一个国家之内——除非这个国家不打算建立互联网，而是要建立别的什么网络。互联网媒体是一种名符其实的全球化传播媒体。其全球化特征主要体现在传受双方，即信息传播的全球化和信息接受的全球化。互联网媒体打破了传统媒体的传播范围多限本地、本国的束缚，其受众遍及全世界。互联网媒体的这一特征，有利于地方性媒体与全国性媒体、弱势媒体与强势媒体的竞争。甚至个人网站亦可以在一夜之间成为全世界网民关注的对象。

网络媒体在信息传输量上具有无限的丰富性；在信息形态上具有纷繁的多样性。无论是报纸、广播、电视，在单位时间（节目）和空间（版面）中所传播的信息，都是有限的；而互联网媒体贮存和发布的信息容量巨大，有人将其形象地比喻为"海量"。

美国麻省理工学院媒体实验室主任尼古拉·尼葛洛庞蒂曾指出：信息社会，其基本要素不是原子，而是比特。比特与原子遵循着完全不同的法则。比特没有重量，易于复制，可以以极快的速度传播。在它传播时，时空障碍完全消失。原子只能由有限的人使用，使用的人越多其价值越低；比特可以由无限的人使用，使用的人越多其价值越高。

互联网媒体通过超文本链接的方式，将无限丰富的信息加以贮存和发布，用户可以很方便地输入关键词进行资料检索。

互联网媒体的多元性特征，首先表现在传播主体上，在互联网媒体世界，不是专门的新闻传播机构一家独有，从网络属性上讲，政府、企事业网站乃至个人网站都有能力可以发布新闻，成为传播新闻的主体。其次，互联网媒体的全球化特征，决定其文化的多元性，它通过超链接，超文本的手段，运用数字技术，将全球文化用网络的方式连接在一起。互联网媒体的传播方式也具有多元性的特点。传播媒体的传播方式一般是点对面的传播，而互联网媒体除了点对多即网站向网民、某一网民向不特定的其他网民发布信息这一方式之外，还有点对点即网民通过网络向其他某个网民发电子邮件的方式，众多网民向某一个网站发送信息、反馈意见的多对点方式，以及网上聊天室、电子公告牌等多对多的传播方式。

自由性是指受众可以在自己选择的时间与地点上网，接受信息，消化信息。从这个意义上看，网络媒体的传播，是真正个性化的传播，它的内容的设计，大多是出于受众的个体需要。因此，有人说互联网媒体传播最温馨，最具有人情味。

第二节　公共关系的沟通原则

一、双向沟通原则

双向沟通原则指沟通双方互相传递、互相理解的信息互动原则。沟通双方应该存在一定的共识域，即沟通双方具有共同的经验范围。这是受者接受者所希望传递的信息的前提条件。反之，沟通就会"卡壳"，或者说要有共同语言。

沟通双方必须有反馈意识。也就是沟通双方在理解了所接收到的信息后应做出的反应。它包括信息反馈要主动、及时、适路和适量等。沟通双方应根据反馈来做自我调节。

二、平衡理论原则

平衡理论原则指信息的发出者利用"相似性"的人际吸引为中介，通过沟通与接受者产生认同，达到协调的原则。

假设某厂的正、副厂长（A与B）平时关系很好，配合也默契，可是，近日来接二连三的工伤事故，使得负责安全生产的副厂长（B）提出要分批对职工进行安全知识培训，而厂长（A）则认为会影响生产，不予同意。于是造成下面的紧张状态。

（1）副厂长改变主张，使二者关系协调。

（2）正厂长放弃观点，也使原来的紧张状态消除。（理想的沟通效果）

（3）副厂长改变对厂长的看法，甚至不愿与他共事，要求调离，以达到一种特殊的心理平衡状态。

相似性的人际吸引，就是你"喜欢他"就倾向于接受他的观点。平衡理论的实施：A—A式平行沟通。

例如：有人问：今年贵公司举行了几次订货会？请看两种沟通方式：①共举行了三次会议；②无可奉告。

（1）的沟通方式是A—A式的平行沟通。沟通双方关系是平等的，因此，沟通会继续。

（2）的沟通方式是非A式交错沟通，沟通双方的关系由非预料中的回答而引起对抗，气氛较为紧张，沟通无法继续。这种沟通是公共关系沟通中的大忌。

情感是人对客观事物是否符合于自身需要而产生的态度的体验。平衡理论的中心思想之一就是在沟通中诉诸情感，增进情感的互动和思想的交流，彼此发出认同，从而产生亲密感，达到关系的平衡。如上海第一百货商店四十周年店庆之际推出三个广告：①空在一店，美在一店；②不惑之年，赤诚之心；③不愁货比货，更愿心贴心。②③体现了顾客至上的意识，传递一种情感信息。

美国学者经常对竞选演讲分析，比较情感和理智在选举时对选民们行为态度的影响，实际表明情感比理智的号召作用大。

三、整分合原则

沟通过程中,作为信息沟通,最基本的沟通媒介是语言,同时作为非语言的人体动作也是一种重要的沟通媒介。它具有替代、辅助和强化语言的作用。并在沟通中产生立体性的整体效应。比如:某公关经理向前来参观的客人介绍公司的领导,他边微笑边以手示意:"这位是本公司总经理先生!"总经理立即笑着握住来宾的手:"您好,欢迎,欢迎。"几秒钟内多种媒介同时传递了几个信息:微笑(表情语、视觉刺激),握手(动作语、触觉刺激),问候、介绍(有声语、听觉刺激)等,整个沟通过程给来宾立体性的综合感受,留下了良好的第一印象。

四、有效协同原则

有效协同原则指通过传受双方的沟通行动取得预期效果的原则。

沟通的有效性,必须以满足受者的需求为前提。以推销行为为例,这一沟通过程为四个阶段,每个阶段都反映了受众的一定需要。

(1) 知晓阶段。受者从产品广告或人际传播中了解一些新产品。但记忆中的产品形象清晰度不高。这一阶段应采用高信息量的方式沟通。强化所传信息的渗透力,刺激度,以唤起受者的注意。

(2) 兴趣阶段。受者在了解的基础上,优先对某物集中注意力,但这种注意不巩固,甚至有偏差。因此,这一阶段需要诱导,发话要主动,直到能基本控制导向为止。

(3) 评价阶段。受者在权衡使用这一新产品的利弊得失时,心理上往往会产生需要咨询的愿望。因此,这一阶段,首先必须说事理,站在消费者的立场上陈述好处,满足受者反复权衡利弊的心理需要。

(4) 行动阶段。受者通过上三个阶段,在行动之前,还有一种想从侧面再一次得到证实的需要。因此,在这一阶段的沟通,必须在"促"字上下功夫,促使其尽快达成交易。

第七章　公共关系广告

广告已经充斥了我们生活的各个角落,在商品经济高度发达的社会里,不管你是否愿意接受,每天都必然接触到大量的各种类型的广告(好酒不怕巷子深的观念已过时)。

第一节　公共关系广告的概念与分类

一、公共关系广告的概念

现代广告的发展首先是从以宣传商品为主的商业广告开始的,它的主要任务就是把商品信息传递给人们,并深深地扎根于消费者心中。当人们需要到市场、商店购买某种产品时,一看到商品,脑子会自然地浮现出广告上的商品名称,无形中产生一种信任感。

大量的企业,通过广告使消费者对产品熟悉,由熟悉产生信任。人们喜欢了解的东西,而不喜欢那些不熟悉的东西。曾经有人预言,假如世界各地的可口可乐广告都拆除的话,不出一年,人们就会不再喝可口可乐了。

现代广告是随着宣传产品和以劳务为主的商业广告的发展而发展的,然而,由于企业之间竞争日益激烈和生产技术日臻成熟,生产同类产品的企业之间在产品的质量、外观、成本、价格等方面越来越趋于一致化。此时,人们对产品的选择余地越来越大,除去考虑产品的价格、质量、外观、售后服务等因素外,人们更愿意买自己熟悉和喜欢的企业的产品。这样,企业的形象和知名度成了影响企业产品和劳务销售的重要因素。因此,企业对能扩大自身知名度的广告宣传更加重视。与此同时,在广告中开始大量运用公共关系技巧,树立企业的形象,于是产生了以树立企业的良好社会形象为直接目的的公共关系广告。

所谓公共关系广告,是指经济单位通过购买大众宣传媒介使用权的方式,向大众宣传企业组织信誉、树立企业组织形象的一种广告形式。

国外一广告专家说:"如果一个广告只是起促销作用而不注重形象的创造与改善,就是再好的产品也难以持久地占有市场。"

公共关系广告与产品广告的区别见表7-1。

第七章 公共关系广告

表 7-1 公共关系广告与产品广告的区别

	公共关系广告	产品广告
广告行为	长期行为	短期行为
广告性质	公关内容	促销内容
广告内容	企业信誉	产品特色
制作周期	长	短
费用	高	低
认识生产线	公众→企业→产品	公众→产品→企业

有人把二者的区别概括为：商品广告是推销产品，公共关系广告是推销企业。

如联邦德国时期奔驰汽车公司的广告："如果有谁发现奔驰牌汽车发生故障、被修理车拖走，我们赠送您一万美金。"

日本："日立永远和为现代化而奋斗的中国人民在一起。"

中国："人类失去'联想'，人类将会怎样？""谁发现民生有假货，奖励 200 元。"

二、公共关系广告的分类

1. 实力广告

实力广告是指用广告的形式，向公众展示组织机构的实力。作为企业来说，主要展示生产、技术、人才等实力。如美国霍尼维尔公司的实力广告。

这种实力广告主要目的在于使大众通过对该企业的经济、技术、人才实力的了解，增加对该企业及其所提供的产品和劳务的信任感，达到创造购买气氛的目的。

2. 观念广告

观念广告是向社会传播管理哲学、价值观念、传统风格和企业精神的广告：精通管理艺术的企业家和公关人员，总是十分重视培养和形成本企业的价值观念，对内产生凝聚力，对外产生感召力，使组织机构的形象连同它的观念和口号，深入到大众心中。如："金利来"男人的世界、男人中的男人。"只有可口可乐，才是真正的可乐"。美国奥尔巴赫公司的广告"百万的企业，毫厘的利润"。云南咖啡厂的广告："云南小粒咖啡，可能是世界最好的咖啡"。

3. 信誉广告

宣传组织机构的信誉和良好形象的最直接的一种公共关系广告形式。目的在于树立组织机构作为守法公民、社会公仆、为社会经济发展做贡献或担当赞助社会公益事业形象。利是体育用品公司："为中华体育腾飞作贡献""海鸥表赞助十一届亚运会""××以良好的服务迎八方来客"。

4. 声势广告

主要以宣传组织机构的大型活动为内容，比如新厂房落成剪彩、庆典等，旨在创造声势、扩大影响。

1988 年元旦夜，由上海电视台直播了"上海（三菱）电梯有限公司成立一周年文艺晚会"，这实际是一则声势广告。晚会上公布了一个新闻"凡与上海电梯公司同日出生的市区小公民，即 1987 年元月一日诞生，可以得到一份礼品"。第二天，公司总经理一大早来到生日礼物领取处，亲自将礼物送到了第一位来领取礼物的小孩和家长手里，并合影留念。

5. 祝贺广告

以向社会各界公众祝贺为主要内容的。比如，某公司新开张，同行的企业纷纷刊登广告，一则表示祝贺、愿意携手合作，二则表示欢迎正当竞争、可以达到广结良缘之效。增加在报纸上露面的机会。20 世纪 50 年代法国白兰地厂家抓住美国总统艾森豪维尔 67 岁寿辰的机会，以庆祝广告为手段，演出了一场"祝寿"的好戏，使法国白兰地顺利进入了美国市场。

6. 歉意广告

用来承认错误、消除误解和表示歉意，以取得公众谅解的广告。注意要诚恳，不能文过饰非。

1986 年 6 月，日本东芝公司违反对苏联等国的禁运协定，将一批高精密机床等卖给前苏联，致使苏联潜艇发动机噪声大大降低，美军难以发现。此事被披露后，美国人大为不满，国会立即做出禁止进口东芝产品的决定。为尽快挽回声誉，东芝公司除了立即做出总经理等要员辞职的决定外，还在美国各家大报上刊登整版广告，上写"诚恳地向美国人民道歉"。

还有一种歉意广告，利用歉意广告之名，行其宣传产品之实。从而达到扩展市场的目的。如广州中药厂曾在《广州日报》上刊登过一则"歉意广告"，说明该厂生产的某产品由于购置过多，一度出现市场脱销，工厂深表歉意，目前企业正在加班生产，很快就会满足市场的需要。

7. 谢意广告

用来对公众和合作者的支持表示感谢的广告。目前我国较普遍。如长春无线路电一厂建厂三十周年——向国内外新老朋友、广大客户鸣谢！

8. 解释性广告

以解释生产目的和消除误解为内容的广告。在社会组织形象被歪曲、造成公众误解时，及时向公众解释事实真相，阐明态度，宣传其政策、方针，澄清混淆视听的传言，以矫正被损害的形象，维护声誉。

例如：2009 年，日本千叶、兵库两县共有 9 人在食用了河北省天洋食品加工厂生产的速冻水饺后，先后出现了呕吐、腹泻等中毒症状。随后河北省承德市也有 4 人在食用了同工厂生产的水饺后出现类似情况。经查，被告人因对该厂工资待遇不满，用注射器往冷库中的速冻水饺注射甲胺磷。这件事后来被日本媒体称之为"毒饺子事件"。但事实真相是日本国内出现的问题，商家及时通告大众传媒发布解释性广告，阐明真相。

9. 响应广告

用广告的形式响应社会生活中的某个重大主题，表示组织机构与社会生活的关连性和公共性，以求得各方公众的理解和支持。主要内容是对政府的某项政策措施或者当前社会生活中的某个重大课题，以组织的名义表示响应。例如西安医科大学响应国家的号召，向延安医学院捐医疗器械，西安公路交通大学响应市政府建设道路，让出校园，搞二环路建设。

10. 创意广告

以组织机构的名义率先发起某种运动或提倡某种有益的观念，目的是要表明组织机构积极参与社会生活，着重树立该组织机构"领导新潮流"的形象。例如1973年，新加坡航空公司掀起一场"革除吐痰陋习"的宣传运动。该公司连续在新闻媒介上登广告，以循循善诱的公式告诫公民，随地吐痰不仅有害他人及自己身体健康，更损害一个人应有的自尊和高尚的形象。组织职工上街宣传，捐资在公共场所建立一批脚踏开启式痰盂，大大提高了新加坡航空公司的知名度，并带来了良好的经济效益和社会效益。

11. 公益广告

显示机构对公益事业热心支持的广告，广告的内容不一定与组织机构有关，而与公共事务有关。如美国亚特兰大市由于犯罪活动猖獗，社会治安十分混乱，警察组织力量不足，难以制止犯罪活动，市民怨声载道。某公司便借机刊出"帮警察一把"的广告，号召市民支持司法机关制止猖獗的犯罪活动，维护了社会治安，得到了市民的支持，从而使该公司树立了良好的社会形象。

12. 记事广告

又叫新闻媒体广告，这通常是以新闻报道、主题报道、报告文学等形式出现，一般是机构的历史、发展状况、对社会的贡献度，笔调是记事性的。

第二节 公共关系广告的作用和效果

一、公共关系广告的作用

1. 树立企业形象，提高企业声誉，促进产品销售

人们把广告比作信息传播的使者、促销的催化剂、企业的"介绍信"产品的"敲门砖"，甚至有人认为在今后的社会里，没有广告就没有产品，没有广告就没有效益，没有广告的企业将寸步难行。这就是说，广告是企业促销必不可少的手段。能否有效使用广告将直接关系到企业的成败。例如，某地"塔山酒厂"酿的酒质优价廉，属省优产品，开始自以为酒香不怕巷子深，结果在远销沿海的首次便吃了"闭门羹"，谁也不买账，好酒到货，数月无人问津。在这样的处境下，他们才心一横，借助该省电视台，唱起了"川北一枝花，幸福千万家"的酒神曲，仅半月时间，1 500箱大曲一抢而空，空头订货数量也创历史最好水平，数十万利润魔术般装进企业的腰包，该厂厂长开了眼界，感慨道：酒香也怕巷子深，要靠广告敲开门。

2. 提高企业信誉，吸引社会各界投资

国外曾有人预言：假如有一天可口可乐公司遭火灾，那么世界银行巨头争相投资将会成为第二天报界的头条新闻。

3. 治理企业内外部环境，为企业健康稳定发展打下良好基础

4. 可以为企业吸引人才

二、公共关系广告的效果

1. 制作效果

制作效果反映在公众对公关广告视听率、理解率、记忆率的高低上,这取决于媒体选择是否合适、方案创作是否得当、表现手法是否新颖。可通过问卷和座谈两种方法了解。

2. 社会效果

社会效果反映在以下两方面:

(1)人们的消费观念、生活方式、道德风尚会因广告宣传有所改变。20世纪50年代,日本一巧克力公司的负责人在国内发动了一场"过情人节给情人赠送巧克力"的广告宣传攻势,最终使这一欧洲的风俗在日本落了户。如今,2月14日赠送巧克力成为日本社会的一种风尚。

(2)对组织产生好感或兴趣的公众是否在增加。可用下述指标考量:

$$好感公众增加数 / 公关广告费增加数 \times 100\%$$

3. 销售效果

销售效果反映在产品销售量和市场占有率的变化情况上。可用以下两个公式求得

$$销售效果 = 销售增加额 / 公关广告费增加额 \times 100\%$$

或

$$销售效果 = 市场占有率增加数 / 公关广告费增加数 \times 100\%$$

公关广告的销售效果具有间接性、长期性和缓慢性,难收立竿见影之效。

还受政治经济环境、产品质量、包装、商业网点分布、销售渠道、服务水平、消费能力等因素制约。所以应从长远看此问题。

第八章 公共关系工作的一般程序

公共关系是现代组织管理工作中一种相当复杂的活动,这不仅是因为各类社会组织面对着不同类型的公众,也因为它们所采取的公关手法是千差万别的。然而,各种类型的公关活动中又有某些共同的规律可循。按照这些规律操作,才能达到预期的效果,发挥公共关系的最佳效益。美国公共关系学的权威著作《有效的公共关系》一书,提出了公共关系的四步工作法,将公共关系的工作程序概括成四个基本步骤:公共关系调查、公共关系策划、公共关系实施、公共关系评估(见图8-1)。这一程序现在已为绝大多数教科书所采纳。

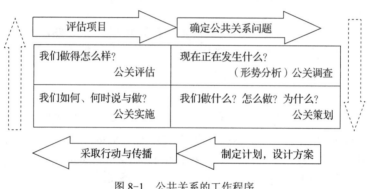

图 8-1 公共关系的工作程序

第一节 公共关系调查

一、公共关系调查的意义

公共关系调查是指公关人员应用科学的方法,有计划地研究目标公众,以搜集信息、了解公共关系状态、发现问题的一种公共关系活动。

公共关系调查研究,可以使组织能够准确地进行形象定位,便于塑造良好的组织形象。组织的形象定位是指组织在其公众中的形象的定量化描述。通过形象定位,可以测量出组织自我期望形象(设计形象)与其在公众中的实际形象的差距,从而使公共关系人员针对这个差距,策划有效的公共关系活动方案。公共关系调查为组织决策提供依据。公共关系调查使组织能够及时把握公众舆论,监测社会环境。提高组织公共关系活动的成功率。

二、公共关系调查的内容

公共关系调查主要包括社会环境调查、公众调查和组织形象调查三个部分。

（一）社会环境调查

对社会环境进行调查，主要是为了分析、把握与本组织有关的社会政治、经济、科技、文化等方面的一切动态。

1. 经济环境

我们国家企业的发展，在很大程度上受国家经济发展战略、经济政策的左右。而这些战略、政策的制定，又是以国家的经济发展趋势、国民经济发展的整体水平、国民收入的现有水平、人口的总量、资源和能源储存与开发、国际经济大环境等因素为依据的。

2. 文化环境

随着社会政治、经济形势的变化，人们的思想观念也必然发生相应的变化这种文化的环境，将在很大程度上影响社会成员的价值观念、行为方式、消费习惯、审美倾向等等。许多在一定时期被认为是荒谬绝伦的事情，过一段时间就成为顺理成章的事情了。

3. 科技环境

在人类文明进入二十一世纪初，纳米技术在国际市场逐步成熟，并进入国内市场，一时间，"纳米油漆""纳米涂料""纳米保暖内衣""纳米汽车"等纷纷上市，其中虽有炒作之嫌，但它也为先行企业带来了巨大的经济效益。

4. 竞争环境

市场经济的本质就是一种竞争经济，正是由于有了竞争，整个国民经济才得以飞速发展。因此，这就要求每一个企业必须对组织所处行业的情况，组织在竞争中的地位，竞争对手的情况，国家有关经济竞争的管理政策、相关法律等了如指掌。也只有这样，企业才能在激烈的经济竞争中不断发展壮大。

（二）公众调查

公众是公关部门工作的主要对象，从某种意义上讲，公众也就是公共关系部门所面对的具体环境。公众是一个经常变化的群体，不断因问题的发展而变迁。因此公众调查应经常进行，公众调研要掌握的材料包括公众构成、公众态度、公众需求、意见领袖等内容。

1. 公众构成

不同的组织，同一组织不同时期、不同境况下都会有不同的公众。

2. 公众态度

当组织面对某一事件时，须迅速掌握公众对事件知晓的程度，并摸清他们对组织所抱的态度。态度指被调查对象对组织及所发生的问题所持的立场和观点。态度又可分为延缓性和即时性两类。前者指一个人在相当长的时间里对某一事物的立场和态度，后者则是一个人对一事、一物、一人的态度。前者具有相对的稳定性，而后者则是灵活易变的。情感资料也可算在态度材料之中。公众态度的调查，对于企业生产政策的制定和新产品的开发，都具有不可替代的重要作用。

3. 公众需求

市场经济的发展，使我国已经从生产导向型经济发展为消费导向型经济。市场上早已不再是企业生产什么，百姓消费什么；而是顾客需要什么，企业生产什么。那么顾客到底需要什么样的产品，就需要通过深入、细致的公关调查来掌握。例如中国的家电企业海尔公司，建立了一条特种冰箱生产线，只要客户提出要求，相应的一台冰箱就会生产。正是由于有了这样一种细致的市场调查，海尔才始终保持着市场上的主动权，可以"打价值战，不打价格战"。

4. 意见领袖

根据传播学原理，公众对大众传播中输送的信息，并不是无条件接受的。观念总是先从广播、电视和报刊传向"意见领袖"，然后再由这些人口中传入不那么活跃的群体，这就是著名的"两级传播理论"。研究公众，还必须研究能够经常影响他们意见的领袖，如专家学者、权力人物、社会名流、新闻记者等等。组织要调查这些意见领袖的社会分布、与目标公众的联系、影响公众的方式等等，以便在日后的公共关系工作中与他们建立良好的工作关系。

（三）组织形象调查

组织形象就是组织在公众心目中留下的印象。换言之，组织形象也就是公众对组织的看法和评价。在现代生产科学技术不断发展、普及的情况下，同类产品的质量、价格的差异日趋缩小，组织形象就成了企业的重要资源，企业的社会责任、进取精神、服务、能力、正直、友善、关怀、眼光、活力、想象力等形象，就在很大程度上左右着顾客的市场选择。公共关系人员的根本任务就是为组织在社会上树立形象，但他们在从事形象设计和传播之前，首先要对组织现有的形象有所了解，做到心中有数，这样在设计形象时才能脚踏实地、有的放矢。组织形象调查可分成两个方面：一是组织自我期待形象的调查；二是组织实际社会形象的分析。自我期待形象与实际社会形象之间的差距，就是公共关系工作的目标。

1. 组织自我期待形象的调查

组织的自我期待形象，是一个组织自我希望具有的社会形象。它是一个组织发展的内在动力，期望值越高，动力越大。自我期待形象的调查包括以下步骤。

（1）完整地掌握组织内部资料。对于一个企业来说，组织的内部资料包括：企业的建立时间、经营方针、经营目标、管理政策、生产计划、财务制度、市场占有率和销售趋向、服务项目和水平、新产品开发的进展、员工的素质、领导人的状况等等。

（2）了解组织领导人对组织形象的期待水平。领导人是组织的决策者，对组织形象的定位等有决定作用。因此，公共关系工作者应该调查领导者的政策、措施、对形象的定位等，以保持形象的一致性。

（3）员工的工作态度反映着员工对组织的看法，决定着员工的干劲，直接影响着企业的发展。公共关系人员应该了解员工的意见、希望和要求，并加以概括和提炼，这样形成的组织形象，才能符合企业职工的意愿，起到激发员工自豪感、归属感和责任心的目的。否则，大多数员工会感到组织形象与自己是两回事，对组织形象不闻不问，甚至起破坏作用。

2. 组织实际社会形象的分析

在现实生活中，一个组织的自我期待形象往往与公众心目中的实际社会形象有较大差距。一个有自知之明的组织，必须借助公众评价和社会舆论这两面镜子，照出自己的实际社会形象。自我期待形象与实际社会形象之间的差距,就是公共关系工作的目标。公共关系部门可以通过民意测验、舆论监督、与领导部门面谈等方法,获得自身的实际社会形象。组织的实际社会形象调查,可以分成三个部分:

(1)组织形象地位测量。是根据组织形象的两个指标进行地位分析,以确定问题,为制定公关计划提供翔实的资料。组织形象地位分析图(见图8-2)就是进行组织形象地位测量的方法,图中甲、乙、丙、丁各表示组织的不同形象状态。①甲表示高知名度/高美誉度,属于最佳的公共关系状态。但同时要注意,知名度越高,美誉度的压力就越大。因为在公众高度注目的情况下,对美誉度的要求会变得更加严格和苛刻,美誉度方面即使发生微小失误,都可能造成较大的影响。因此,处于这种公共关系状态绝不是高枕无忧、万事大吉,应该特别细心、谨慎地维护组织的信誉。如果知名度超过了美誉度,就更应该警觉。②乙表示低美誉度/高知名度,公共关系处于"臭名远扬"的恶劣状态。不仅信誉差,而且知之者甚众。在这种情况下,首先应设法降低已享有的负面知名度,向象限3转移,再努力挽救信誉,为重塑形象打基础。或者在特殊的情况下,大刀阔斧地改善信誉,将坏名声变为好名声,直接向象限1跳跃。这样的成功例子也不是没有的。③丙表示低知名度/低美誉度,公共关系处于不良状态,既没有名气,公众评价也不好。但因为其知名度低,负面作用相对比较小。在这种情况下公共关系传播工作应保持低姿态,甚至从"零"开始,首先努力完善自己的素质,提高信誉,争取改善美誉度,然后再考虑提高知名度的问题。如果在这种情况下去扩大知名度,会滑到更恶劣的状态。④丁表示高美誉度/低知名度,属于较为稳定、安全的一种公共关系状态。由于美誉度是形象的客观基础,因此这种状态具有良好的形象推广基础。其缺陷是知名度偏低,公共关系工作的重点是在维持美誉度的基础上提高知名度,扩大其美誉度的社会影响面。

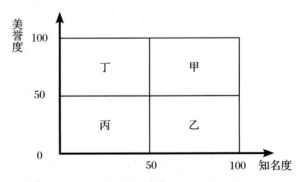

图 8-2 组织形象地位分析图

(2)形象要素分析。将组织形象分解为公众对组织的各类具体评价,通过统计分析各种具体评价,确定组织形象的要点和特征,勾画出组织形象的细节(见表8-1)。

表 8-1 形象要素分析

评价项目	非常	相当	稍微	中	稍微	相当	非常	评价项目
经营方针正直		65	25	10				经营方针不正直
办事效率高			25	65	10			办事效率高
服务态度诚恳				15	20	65		服务态度恶劣

续表

评价项目	非常	相当	稍微	中	稍微	相当	非常	评价项目
业务水平有创新					20	70	10	业务水平缺乏创新
管理顾问有名气						10	90	管理顾问没有名气
公司规模大					25	55	20	公司规模小

（3）形象差距比较分析。将组织的实际形象与组织的自我期望形象做比较分析，揭示二者之间的现实差距，指明公共关系工作的目标与任务，这是公共关系调查的第三个环节。

三、公共关系调查的原则

进行公共关系调查必须遵循的基本原则主要有实事求是原则、尊重公众原则和讲求效益原则。

（一）实事求是原则

实事求是原则包括两方面含义：一是按事物的实际情况办事，不夸大也不缩小；二是指从实际情况出发，找出周围事物的内部联系，探求其发展的规律性。前一含义主要是从工作态度上讲的，从事调查活动的组织和个人应有正确的指导思想，端正的工作态度。后一含义主要是从工作方法上讲的，从事调查活动的组织和个人应从实际出发，千方百计探寻出事物的客观规律性。在公关调查中遵循实事求是原则极为必要。因为公关调查要取得成效，必须依赖真实可靠的资料，并按照事物内在的规律性去进行分析推理，得出符合实际的结论，否则，整个公关调查就毫无意义。

总之，遵循实事求是原则，才可能保证所取得的调查资料具有真实性，所得到的结论具有实用性，其调查活动才具有意义。

（二）尊重公众原则

尊重公众原则，是指调查者在整个调查中，要尊重被调查者的人格、宗教信仰、民族习惯、生活方式和兴趣爱好；要谦虚礼貌，热情主动，举止文明；要关心被调查者，并积极为之解决困难等等。

在进行公共关系调查时，强调尊重公众原则是极为必要的。这是因为：首先，尊重公众是顺利开展公共关系调查的前提。其次，尊重公众是建立组织信誉的需要。公共关系调查的过程，也是建立组织信誉的过程。尊重被调查者，并与之建立融洽的关系，被调查者不仅对调查者本人有好感，而且还会由此而对他的组织有好感。

（三）讲求效益原则

讲求效益原则，就是要求在公共关系调查中，以较少的人力、物力、财力投入，来办更多的事，使调查取得最佳效果。这一原则是从事公关调查的组织和个人必须遵循的。我国的资金短缺，就更应强调少花钱多办事。遵循讲求效益的原则，首先要树立艰苦奋斗、勤俭节约的观点，能节约的尽量节约。其次，要科学组织调查活动。较大型的公关调查要有计划，有方案，并要进行可行性论证，以避免由于决策上的失误带来的最不经济后果。

四、公共关系调查的程序

公共关系调查的程序,是指具有一定规模的某项公共关系调查,从调查准备到调查结束全过程的先后次序和具体步骤。在公共关系调查中建立一套系统的科学程序,有助于提高调查工作的效率和调查质量。在实践中,虽然各项公共关系调查的具体步骤和先后次序会因目的、要求、范围等不同而呈现出差异性,但是,一般地讲,一项规模较大的公共关系调查的程序可按以下几步进行。

(一)确定调查课题

确定调查课题是整个调查的第一步。这一步的主要任务是明确调查目的,解决"调查什么"的问题。为了有针对性、有目的地进行公共关系调查,避免盲目行动导致的工作失误,必须切实做好调查的第一步工作。

确定调查课题一般分两个阶段进行。第一阶段,明确调查目的,提出调查课题设想。重大的公共关系调查一般都是在组织内外部出现了新情况或新问题的条件下进行的。在这一阶段,要尽量掌握组织内外部出现的新情况和新问题,了解组织领导人进行公共关系调查的真实意图,弄清"为什么要调查"的问题,然后,在此基础上提出比较抽象的、可能是多个的或不成熟的调查课题。第二阶段,分析论证,筛选调查课题。对多个或不成熟的课题,经过必要的分析论证,必要时还可以组织非正式的试探性调查,以明确问题的症结所在,从而筛选出针对性强的、恰当的课题。一般来说,所确定的调查课题越具体越明确越好。如新产品上市之初,早期接受者对产品的态度调查,比组织形象调查更具体明确,更具有现实性(见表8-2)。

表8-2 不同课题的调查计划侧重点差异比较

项 目	课题计划侧重点		
	状态性课题	开发性课题	研究性课题
人员要求	普通调查者	科研工作决策者	具有相关专业知识的调查者、学者
调查方法	问卷调查法、抽样调查法、民意测验法	观察法	抽样调查法、文献法
资料处理	统计法、描述法	灵感顿悟法 设想法	推理法、寻找本质联系
时间安排	公众休闲时间	公众工作、生活之中	公众处于特定时空之中
调查范围	由随机抽样决定	选择典型场所	由非随机决定
调查工具	问卷	观察表格	调查问卷、调查提纲
经费	一般较多	较少	居中
周密程度	相当周密	灵活性、随机性较大	具有一定的随机性

(二)制订调查计划

为了使整个调查工作有计划有步骤地进行,保证整个活动的科学性,在确定了调查课题以后,调查者必须根据调查的课题制订调查计划。调查计划的内容一般包括两部分:第一部分是对调查本身的设计,包括调查的目的和内容、调查的具体对象和范围、取得资料的方法及调查表格等；第二部分是对调查工作的具体安排，包括调查的组织、领导和人员配备、经费估算、调查日程安排等。调查计划是调查安排的依据，调查安排是调查计划的具体化。

从程序上看，制订调查计划要注意以下两个问题：一是调查计划要做可行性论证。调查的规模、范围多大才合适，人力、物力、财力能否承受得了，时间上是否来得及，经费估算和工作进度、日程安排是否合理等，都应进行比较充分的可行性论证，以保证调查计划的科学性和可行性。二是调查计划既要全面又要简单明了。调查计划中，包括的主要内容都应简明扼要写清，既不能丢三落四，也不能烦琐冗长。

（三）收集调查资料

收集资料是整个公共关系调查工作的重点，它的主要任务就是按计划的要求与安排，系统地收集各种资料（包括数据和被调查者意见）。

调查资料一般分为两类：一类是原始资料，也称第一手资料，这是调查人员通过各种调查方法进行实地调查所取得的资料；另一类是现成资料，也称第二手资料，这是由他人收集的现有的资料。一般说，现成资料容易取得，花费较少；而原始资料取得难度较大，花费较多。因此，在收集资料时，要充分利用现成资料，能够取到真实可靠现成资料的，就尽量不再费力去搜集原始资料。当然，就一项较大规模的调查来说，仅有现成资料是不够的，它的主要资料还是来源于实地调查。可以说，原始资料的收集是收集的重点。至于原始资料与现成资料的收集次序，一般以先收集现成资料，再收集原始资料为宜；在现成资料的来源比较清楚的情况下，两种资料的收集可以同时进行。

由于民意测验的大量使用，问卷资料的搜集就是资料搜集的主要的工作。最普通的方法是由受试者自行答卷和调查人员访谈两种。

受试者自行答卷，顾名思义，就是由被试者自己动笔答卷。根据我国的实际情况，它的具体做法也可以有所不同。可以采取征求受试者所在工作单位或地区的支持，组织受试者集中起来答卷。也可以一一走访受试者，将问卷留于该处，过一段时间收回。也可通过邮寄、附上回单（贴足邮资），让受试者自行答毕寄回。

问卷回收数目与发放的总数之比称为回收率。对于回收率，调查人员应有足够的估计，100％的可能性是很小的。美国社会学家肯尼迪·贝利认为，50％的回收率是可以令人满意的，60％是相当成功的，而70％以上则可以说是非常成功的了。这可以作为我们的一个参考。

访谈，就是由经过专门训练的调查人员走访受试者，由调查人员根据问卷向受试者口头提问，再记下答案。相对受试者自行答卷，问卷回收率高，但访谈要求调查人员必须严格遵守操作规定，比如：不得以任何形式暗示受试者，以受试者为主，保持气氛融洽等等。国外的访谈很多是利用电脑互联网进行的。随着电脑在我国的普及，这种方式也可适当采用。

（四）整理分析资料

整理分析资料是公共关系调查过程中极为重要的一环。一般来说。通过调查所得到的资料还比较零乱、分散，并不能系统而集中地说明问题；某些资料还可能有片面性与谬误等等。因而，在取得资料后，必须对资料进行系统科学的整理和分析，去粗取精，去伪存真，分析综合，严加筛选，并合乎理性地推理。只有这样，才可能客观地揭示事物的内在联系，得出正确的调查结果。资料的整理分析，主要包括以下几项工作。

1. 检查核实

整理中,要检查资料是否齐全而无遗漏,是否有重复与矛盾,甚至有与事实不相符合的情况;错的资料,补充遗漏的资料。调查中检查核实的部分工作是在收集资料时就要完成的。一边收集,一边检查核实,这样便于及时进行订正和补充。

2. 分类汇编

资料经过检查核实后,为了便于归档查找和统计方便,还应按照调查的要求进行分类汇编。即进行分类登录,然后按类摘抄、剪贴、装订、归档,以备查阅。还可将整理后的信息输入电脑。整理资料数据要做到准确、清楚、及时,这是衡量信息资料价值的重要标准。

3. 分析论证

对分类汇编的资料进行分析,做出结论,并依据资料所得出的结论进行论证。分析一般包括定性分析和定量分析。所谓定性分析,是以资料或经验为依据,主要运用演绎、归纳、比较、分类和矛盾分析的方法找出事物本质特征或属性的过程。所谓定量分析,是运用概率论和数理统计的测量、计算及分析技术,对社会现象的数量、特征、数学关系和事物发展过程中的数量变化等方面进行的描述。为了取得比较符合实际的结论,不仅要进行定性分析,而且要进行定量分析,要在定性的基础上尽量根据不同要求把资料量化,制成统计表或统计图,或计算百分比、平均值等,然后运用这些量化资料进行分析,力求对调查的事物有较深刻的认识,并把有关材料迅速提供给领导部门,作为策划的依据。成功的企业在日常公共关系工作中经常运用以上方法。

(五)撰写调查报告

撰写调查报告是公共关系调查的最后程序。撰写调查报告的目的,是为制订科学的公共关系计划方案提供依据,为领导者决策提供参考,寻求领导的支持和帮助。撰写出一份具有说服力的好调查报告,这是卓有成效地进行公共关系调查的一个不可忽视的方面。如果调查报告的撰写不得要领,即使前面的工作做得再好,整个调查也不会令人满意。

一般来说,一篇调查报告是对调查过程的回顾和调查成果的总结,它包括以下内容:①调查题目,调查委托人,调查主持人,调查日期;②调查的原因和目的;③调查的总体对象;④调查所采用的基本方法;⑤调查的结果及有关数据、各种答案的比例;⑥问卷回收率及抽样误差;⑦分析结果;⑧调查者提出的建议;⑨附件,包括问卷样本、统计数据、背景资料等。

调查报告不同于纯理论文章,也不同于一般的工作总结。它注意用调查资料来说明问题,用资料来支撑结论。因此,在撰写调查报告时,要坚持实事求是,资料的取舍要合理,推理要合乎逻辑,还要在结构、主题、语言上下功夫。同时,调查报告写好后要及时送交最高管理部门备案,供决策者决策时参考。

五、调查方法及调查资料收集方法

(一)调查方法

1. 普查

普查又叫全面调查,它是对调查对象的全体所做的无一遗漏的逐个调查。普查是一种重要的调查方法,它能够取得调查总体全面的原始资料和可靠数据,全面而准确地反映客观事物。因此,当某一组织需要全面而准确地了解某一现象的基本情况,进行重大决策的时候,就可以进行普查。

2. 重点调查

重点调查,就是从调查总体中选出少数重点单位进行的调查。所谓重点单位,是指在总体中处于十分重要地位的单位,或者在总体某项标志总量中占较大比例的那些单位。如要调查全国的钢铁产量,应主要调查鞍钢、首钢、宝钢、攀钢等几个重点企业,因为它们的钢铁产量占了全国钢铁产量的一多半。重点调查的主要优点是:调查单位少,能够用较少的人力、物力、财力进行深入调查,从而能够较快地掌握调查对象的基本情况。因此,重点调查是人们常用的一种调查方法。

3. 典型调查

典型调查,就是在调查总体中有意识地选择一些具有代表性的单位进行的专门调查。它的目的是通过对少数有代表性单位的调查,借以揭示调查总体的特征和发展变化规律。如可按调查对象工作的好坏将典型单位划为先进、一般和后进典型,各选出几个样本进行深入研究,探究事物发展的方向和规律。典型调查由于所选择的调查单位是具有代表性的单位,由典型单位的情况可推断调查总体的情况,一般都比较接近实际;典型调查所选取的单位较少,能够用较少的人力、物力和财力进行深入了解,因此,典型调查是一种比较科学又比较省时、省力、省钱的非全面调查方法,它在公共关系调查中得到广泛运用。

4. 抽样调查

抽样调查,是遵循一定的原则从调查总体中抽取一部分样本进行的调查,以此推断总体特征的一种调查方法。抽样调查与其他调查相比,具有明显的优点。主要包括:①准确性较高。随机抽样调查尤其如此。因为随机抽样调查是按随机原则抽取样本的,其样本具有充分代表性,能够用样本数据来推断总体特征,只要样本足够大,其推断的情况就比较接近实际。②节省时间和费用。在总体较大时,抽样调查往往只要从总体中抽取几十分之一甚至几万分之一的样本,就可以得到具有一定精确度的结果。由于它调查的样本较少,因而不仅能节省大量的人力、物力、财力,而且可以较快地取得调查结果。③灵活性较大。抽样调查的具体方法较多,各种调查方法还可以根据不同调查目的和要求选取不同的样本,因而,具有较大的灵活性,适用范围广,各种情况的调查都能适用。正是由于抽样调查具有以上优点,所以,抽样调查,尤其是随机抽样调查,已成为公共关系调查中运用广泛的主要调查方法,进行公共关系民意测验,更离不开抽样调查。

(二)调查资料收集方法

1. 访谈法

它是调查员通过与调查对象进行有目的的谈话,收集口头资料的一种方法。

(1)访谈法的特点。访谈法收集信息是通过访谈员与调查对象进行面对面交谈的方式来是实现的,因此,它具有直接性的特点;访谈法具有较好的灵活性和适应性;由于访谈法获取资料的过程是由访谈员来直接进行的,因此,访谈员个人的访谈技巧、人品气质和性格特征等都会直接影响到调查的结果;访谈法回答率高、效度高,但标准化程度低,常常给统计分析带来一定的困难。而且,访谈法费用大,所以一般应用于那些准确性要求较高的问题的研究上,或者应用于探索性研究。

(2)访谈法的类型。访谈法可按访谈提纲的方式分为结构性访谈和非结构性访谈;按访谈的场所分为机关访谈、街头访谈、家庭访谈和公共场所访谈;按受访谈的人数可分为集体性访谈和个别访谈;按访谈的时间可分为一次性访谈和跟踪访谈。

2. 观察法

观察法,是调查人员深入现场对调查对象的情况直接观察记录,取得第一手资料的调查方法。这种方法的特点是调查人员不直接与被调查者进行问答活动,而是凭借自己的感官和有关辅助工具来收集资料,其优点在于调查对象没有意识到自己处在被调查中,具有很好的自然性。采用这种方法时,调查者既可以直接参加他所观察的活动,以一个参与者的身份来观察,也可以作为一个旁观者,置身于他所观察的情景之外进行观察。但不论何种方式,研究人员在观察前一定要有严格的设计,观察后要进行认真的检查。

3. 问卷法

问卷法是目前国内外社会调查中使用最为广泛的一种方法。问卷是指为统计和调查所用的、以设问的方式表述问题的表格。问卷法就是研究者用这种控制式的测量对所研究的问题进行度量,从而搜集到可靠资料的一种方法。问卷法的类型主要有两种:开放型问卷和封闭型问卷。所谓开放型问卷,是指问题虽然对每一被访者是同一的,但不似事先做出任何选择答案,被访者可根据自己的情况自由回答。封闭型问卷是指不仅问题是相同的,而且每一个问题都事先列出了若干个可能的答案,由被访者根据自己的情况,在其中选择认为恰当的一个答案。封闭型问卷根据其提问的方式,又可分为两项选择、多项选择、对比选择、排序选择和意见程度选择等。问卷设计的技巧和注意事项。问卷资料的搜集是资料搜集的主要的工作。最普通的方法是由受试者自行答卷和调查人员访谈两种。

4. 文献研究

文献研究是一种收集、分析、整理现成文献资料的调查研究方法。运用这种方法主要是文献资料的收集,文献资料可行性的论证。优点在于利用现成的资料,节省人力、物力和财力。

第二节　公共关系策划

"凡事预则立,不预则废。"预,就是事先做好了充分准备,并进行必要的策划,有了策划,事情就容易成功;反之,则往往造成损失或失败。策划在公共关系工作中处于十分重要的地位。通过调查与分析研究,确定公共关系问题后,必须设计或制定解决问题的方案或策划。早在1955年,曾对公共关系学理论的形成、发展有开创之功的爱德华·L.伯纳斯就已将"策划"的概念引入公共关系的理论和实践,并得到人们的普遍认可。克莱默在对美国109家公共关系公司的调查中发现,公共关系工作中的公共关系调研与制订计划具有很高的相关性;另外一个由波士顿大学主持的"关于公共关系活动的计划性"的调查表明,在被调查的400个企业中,有89%的企业均制定有各种行动计划。这些都说明了策划在公共关系工作中的重要性。可以说,策划是组织各项具体公共关系工作的指导原则和协调衔接纲领;在组织公共关系工作中有着极为重要的地位,任何成功的公共关系活动都离不开高水平的策划。

一、公共关系策划的含义与意义

(一)含义

策划,简单地说,即筹划或谋划,是人类社会中经常进行的一种活动。所谓策划,就是根据各种情况与信息,判断事物变化的趋势,确定可能实现的目标和预期结果,再由此来设计、选择能产生最佳效果的资源配置与行动方式,进而形成正确决策和工作计划的复杂过程。可以说,策划既是决策的前提,同时也是决策的重要组成部分。广义的公共关系策划是指公共关系人员通过对公众分析,利用已掌握的知识、手段,对公共关系全部工作进行计划、谋划、设计等。包括如何调查、设计方案、实施和评估等进行的预先设计。狭义的公共关系策划是指公共关系人员为实现组织公共关系目标,根据现实公共关系状态及其发展趋势,借助科学的方法,构思、设计、制定公共关系战略、目标和活动方案的工作过程。

(二)意义

1. 有利于加强组织公共关系工作的整体性

通过公共关系策划,使公共关系目标与组织的性质、目标、任务密切配合起来,使实现公共关系目标的活动成为组织管理系统的一个有机组成部分,从而使组织的政策和各部门的活动统一到树立良好组织形象,提高组织整体效益和社会效益上来,使组织的每项公共关系活动都与一定的目标相联系,成为构成良好组织形象这个花环上的一朵绚丽鲜花,从而发挥公共关系工作的整体效果。

2. 有利于提高组织公共关系工作的可控性

通过公共关系策划,形成一种长期与短期结合、创新与维持组织形象相结合的公共关系目标体系,并以此为基础,妥善安排好日常工作、定期活动和专门活动的内容和项目,编制恰当的费用预算和时间预算,形成一张既积极主动又稳妥有序的公共关系活动进程表。以此作为控制公共关系工作、检查评价公共关系效果的依据,从而使公共关系工作在目标和计划的控制之下稳步开展,取得预期的效果。

3. 有利于增强组织公共关系工作的预见性

通过公共关系策划,可以使公共关系工作建立在充分调查研究的基础上,依据大量的公众和环境资料,预测趋势,分析后果,区分轻重缓急,提出既主动又灵活的适应环境变化的有力措施,以此影响组织的政策,争取组织决策者对公共关系工作的支持,影响组织各部门和全体人员的言行;争取组织各部门和全体人员的合作,从而尽量减少危机事件、使公共关系工作主动超前,避免"救火"。

4. 有利于促进组织公共关系工作的成熟性

通过公共关系策划,在情境分析的基础上,形成目标、方案和预算,公共关系组织机构和人员有可能以此为依据,分析评价实现公共关系目标、执行公共关系方案和预算的情况,发现工作中的成绩,找出工作中存在的问题,从而分析原因,吸取工作中的经验教训,以指导今后的工作。总之,公共关系策划有利于明确组织的公共关系目标、积累工作成果;有利于控制工作过程、评价工作效果;有利于增强工作的预见性,减少危机事件;有利于积累工作经验,提高工作水平,保证公共关系活动达到预期目标。

二、公共关系策划的原则

1. 公共关系计划必须与组织整体运营计划相匹配

公共关系人员在设计计划方案之前，要与组织内部各个机构沟通情况，掌握组织内部的各种准确的资料。如何时推出新产品、新技术、新的服务项目，将发生哪些重大的人事变动等。此外，还要了解社会环境可能为组织提供的所有机会，如重要节日或社交活动。这样公共关系人员就可以不失时机地提出计划构想。

2. 公共关系计划应突出重点

制订计划，切忌面面俱到。实际上，能出色地完成一两项重点目标的计划，就是成功的计划。否则，只能使公共关系工作处于被动状态，造成人力、物力、财力的浪费。

3. 从长远打算，防止急功近利

从平时的努力入手才是制订公共关系计划的基本方针。

4. 在时间安排上要留有余地

公共关系工作有时会遇到难以预料的偶发事件，即使是计划内的活动项目，也存在一些未知因素和不可控条件。因此，在编制计划时，时间上至少要留出四分之一的余地，应付临时发生的问题，以免陷于被动。

5. 要考虑计划的连续性和因袭性

公共关系是一项有计划的持久性的工作。为了实现公共关系的某一个目标，需要执行数个或一系列的计划。在编制计划时，既要考虑计划之间的衔接，又要注意单个计划的实施周期不宜过长。

三、公共关系策划的程序

（一）准备阶段——立项、调研

（二）策划阶段

1. 确立目标

确立目标是公共关系策划的前提，没有明确的公共关系目标，公共关系策划就无从谈起。公共关系目标的分类：①按照时间来分可分为长期目标和短期目标。②从共性与个性的角度可分为一般目标和特殊目标。③按照公共关系活动目的可分为传播信息、联络感情、改变态度、引起行为。④按照活动作用形式可分为进攻性目标和防守性目标。

2. 辨认公众

任何一个组织都有其特定的公众，公共关系工作是以不同的方式针对不同的公众展开的，而不像新闻那样通过传播媒介把各种信息传播给大众。因此，确定与组织有关的公众就成为公共关系策划的基本任务。确定公众一般分为两个步骤：①鉴别公众的权利要求；②对公众对象的各种权利要求进行概括和分析，找出哪些是公众的共性要求，哪些是公众的特殊要求。通过"公众细分"，根据不同公众的特点选择并制定活动方案。

3. 设计主题

公共关系活动的主题是对公共关系活动的内容的高度概括，对整个公共关系活动起着指导作用。主题设计的是否精彩、恰当，对公共关系活动的成效影响很大。公共关系活动的主题的表现形式是多种多样的,可以是一个口号,也可以是一句陈述或一个表白。但无论哪种形式,一个好的主题应该符合下列要求:①公共关系活动的主题应该与公共关系目标相一致,并能充分地表现公共关系目标,一句话就能点出活动的目的。②表述公共关系活动主题的信息要独特新颖,有鲜明的个性,能突出本次活动的特色,表述上富有新意。③公共关系活动的主题的设计要适应公众的心理需求,主题既要形象和富有激情,同时又贴切朴素。④公共关系活动的主题设计要注意审美情趣,词句要形象生动、简明扼要,读起来朗朗上口,便于记忆和传播。

4. 选择媒介

我们知道,可供选择的传播媒介有很多种,不同的媒介各有所长,各有所短,只有选择恰当,才能事半功倍,取得良好的传播效果。选择传播媒介的原则是:①根据公共关系工作的目标要求选择传播媒介。②根据不同对象来选择传播媒介。③根据传播内容来选择传播媒介。④根据经济条件来选择传播媒介。

5. 经费预算

公共关系预算是按照目标、实施方案,将所需的费用分成若干项目,并编绘出单项活动及全年活动的成本。公共关系预算从某种意义上讲,是更严格地要求公共关系工作要按预定目标、预定项目、预定时间,以最经济的代价,做好要做的事情。公共关系人员在编制预算时,一般都将各项工作计划具体化为一张可以进行成本核算的清单,或称预算表。公共关系预算的构成一般分为两大类:行政开支和项目开支。

6. 方案拟定

审定方案是对公共关系方案进行再分析,对方案进行优化。审定方案主要从以下几方面进行审定:①对公共关系目标进行再分析,看公共关系目标是否明确具体。②对限制因素(如资金、时间、人力、传播渠道等)进行分析,看公共关系计划在限制条件下是否可行。③对潜在因素进行再分析。④对预期效果进行再分析。

(三)完成阶段——论证、决策(策划书)

策划书主要包括:封面、序文、目录、宗旨、内容、预算、进度表、人员目标责任分配表、策划所需物品、活动场地安排、策划相关材料。

第三节 公共关系实施方案

一、公共关系计划实施的意义

公共关系计划的实施,就是在公共关系计划被采纳以后,将计划所确定的内容变为公关实践的过程。主要包括媒介的选择和传播的实施。从一项公共关系计划制订到计划目标的完成之间,还存在着一段相当长的距离,存在着一个复杂的过程。这个过程是"公共关系四步工作法"中的第三个环节,而且也是最为复杂、最为多变的一个公共关系计划实施环节。一项公共关系计划的实施,其重要性足以和制订计划本身相比,从某种意义上讲,甚至比计划的制订更为重要。

1. 公共关系计划的实施是实现公共关系目标的保障

公共关系的终极目的不是研究问题而是解决问题。公共关系调查研究、制订计划是发现问题、研究问题的过程，而计划的实施才是具体地解决问题达到目标的过程。一个完美无缺的公共关系计划，如果不付诸实施，而是束之高阁，那么，它无论是对社会组织还是对公众都是毫无意义的纸上谈兵。

2. 公共关系计划的实施决定了计划能否实现及其程度和范围

成功的实施，可以圆满地完成计划中确定的任务，实现计划目标，甚至还可以由实施人员创造性的努力来弥补计划的不足。这种实施活动的成功之处就在于实施人员能够选择最有效的途径和手段，采用多种方法和技巧，在公众中树立本组织的良好形象。计划实施的失败，不仅不能实现计划目标，有时还可能使计划中想要解决的问题更加恶化，甚至完全与计划目标背道而驰。从这个意义上说，实施这一环节不仅决定了计划能否实现，而且也决定了计划实现的效果。

3. 公共关系计划的实施结果是制定后续方案的重要依据

一项公共关系计划的实施过程不论成功与否，它都会在社会上造成一定的影响和后果。因此，可以说，我们面临的社会现状，就是过去社会组织开展公共关系工作所形成的结果。制订公共关系计划必须要以社会组织所面临的现状为依据，特别是要注意将前一项公共关系计划实施后由各种渠道反馈回来的信息作为依据。以前一项公共关系计划实施的结果为基础，针对新出现的问题制订新的计划，可以说是公共关系计划制订过程中必须遵循的一个原则。因此，前一项公共关系计划实施的情况，对后续方案的制订具有重要的意义。

总之，计划的实施是整个公共关系工作中的一个极其重要的环节。同时，它的作用和影响又贯穿于整个公共关系工作过程的始终。重视研究公共关系计划的实施对提高公共关系工作的效率和效益有着重大的现实意义。

二、公共关系计划实施的特点

公共关系计划实施过程包括以下环节：①是实施的准备阶段，它包括设计实施方案，制订对各类公众的行动、沟通计划，确定实施的措施和程序，建立或组成实施机构，训练实施人员；②是实施的执行阶段，实施机关按照已经设计好的实施计划的程序，落实各项措施；③是实施的结束阶段，同时为下一阶段的效果评估做好相应的准备。具体而言有以下特点。

1. 动态性

公共关系计划的实施是由一系列连续活动构成的过程，是一个思想和行为需要不断变化、不断调整的过程。这是由于一方面，一项公共关系计划无论制订得多么周密、具体和细致，与实际情况总会存在或多或少的差异；另一方面，随着时间的推移，实施的进展，环境的变化，实施过程中仍会遇到一些新情况和新问题。因此，不断地改变、修正或调整原定的实施方案、程序、方法、策略等则是实施活动中不可避免的正常现象。这种现象的出现说明计划实施正处于顺利状态，并非在实施计划中有随意性。如果不考虑社会环境的发展而引起的条件变化，却按一个固定的模式去机械地"执行计划"，那就不仅不能实现计划目标，反而会给组织招来新的麻烦。讲实施过程的动态性，并不意味着实施人员可以随意以一些无关大局的变化为借口而不按原计划去实施。公共关系计划实施的动态性与实施人员的主观随意性不可混为一谈。

2. 创造性

由于计划的实施是一个不断变化和需要调整的动态过程，实施者需要依据整个实施方案中的原则与自己所处的环境和面临的条件确定自己的实施策略。如准确地选择传播渠道、媒介与方法，合理地选择时机，正确地分配任务，灵活地调整步骤等。公共关系计划实施的过程绝不是一个简单的照章办事的过程，而是一个由一系列不同层次的实施者发挥主观能动性的过程。实施人员应该充分地发挥自己的积极性、主动性和创造性。从这个意义上说，公共关系计划实施的过程不仅是一个对原计划进行艺术的再创造的过程，也是不断丰富公共关系实务经验的过程。

3. 影响的广泛性

一项公共关系计划涉及众多的因素和变量，它会对各类公众产生广泛的影响。然而，公共关系计划所产生的影响在方案策划阶段还只是纸上谈兵，只有在计划实施后这种影响才能真正地体现出来。公共关系计划实施所产生的广泛影响主要表现在以下两个方面：首先，计划的实施，会对众多的目标公众产生深刻的影响。一项公共关系计划成功实施后，常常会使该社会组织的异己力量变为自己的合作者和支持者。即使有时不能让目标公众从立场上进行彻底的转变，也能在观点、态度等方面也会使其产生不同程度的变化，至少可以令目标公众从对社会组织的负态度（敌视、偏见、漠然、无知）向正态度（了解、理解、感兴趣、支持）方向有所转化。其次，公共关系计划的实施有时还会对整个社会的文化、习俗产生深刻影响。例如：人工智能在快餐行业的发展。2017年9月1日，在杭州万象城，全国首家采用刷脸支付技术的KPRO餐厅开幕，"靠脸吃饭"的时代来临。顾客进店后，通过支付宝扫码授权，刷脸确认身份，这时系统会永远记住顾客身份；顾客入座后，系统自动识别身份，客人通过餐厅桌面大尺寸的触控显示屏进行智能点餐，系统自动记住顾客喜好，为以后个性化推送提供依据；等餐期间，客人利用桌面显示屏上网，打游戏；用餐后，客人直接走人，支付宝自动买单。整个服务过程不需要一个服务人员。当然，在这期间，如果需要服务人员，可以随时待命。人工智能技术把人员从快餐企业中那些重复性强、标准化程度高的工作岗位中解放出来，使人去做更有创意、更能体现人情味的增值性服务。由此可见，一项公共关系计划的实施所产生的影响和作用往往不局限于计划本身所制定的目标，而对整个社会的进步产生推动作用。

三、公共关系计划实施中的障碍

影响公共关系计划实施的因素是众多且复杂的，一般来说，主要来自三个方面：即方案本身的目标障碍，实施过程中的沟通障碍和突发事件干扰。影响因素不同，排除干扰的方法也不同。作为一名合格的公共关系从业人员应该了解和研究在实施过程中有哪些障碍以及如何排除这些障碍。

1. 公共关系计划中的目标障碍

公共关系计划中的目标障碍就是指在公共关系计划中由于所拟订的公共关系目标不正确、不明确或不具体而给实施带来的障碍。虽然公共关系实施是动态多变的，但实施的基本原则是根据计划方案所规定的内容进行的，否则就不是公共关系计划实施了。如果计划所确定的目标不明确、不正确或不具体，尽管实施人员使出浑身解数，也难以取得预期的效果。譬如，计划目标不符合公众的利益，在实施过程中必然会遭到公众的抵制；又如公共关系计划目标过低则不能唤起目标公众的热情，目标过高又会使实施人员望而却步等。因此，欲有效地开展实施活动，必须排除各种目标障碍。

排除公共关系计划中的目标障碍主要从检查公共关系计划的目标是否具有正确性、明确性和具体性着手。主要考虑以下五方面：第一，检查计划目标是否实际并可以达到；第二，检查计划目标是否可以比较和衡量；第三，检查计划目标是否指出了所期望的结果；第四，检查计划目标的完成是否是计划实施者职权范围内所能完成的；第五，检查计划目标是否规定了完成的期限。

2. 实施中的沟通障碍

公共关系计划实施过程实际上也是一个传播沟通过程。在实施过程中，传播沟通并不是一帆风顺的，由于所选择的沟通工具运用不当、方式方法不妥或传播渠道不畅都会使沟通效果不甚理想。在实施过程中，常见的沟通障碍大致有以下四种：①文化障碍：文化障碍主要是指由于语言、习俗的差别形成的沟通障碍。②观念障碍：观念是指由一定的经验和知识沉淀而成，是一定条件下人们接受、信奉并用以指导自己行动的理论和观点。观念本身就是沟通的主要内容之一，同时观念又对沟通形成巨大的影响作用。形成沟通障碍的观念障碍主要是封闭观念、极端观念等。③心理障碍：心理障碍指人的认知、情感、态度等心理因素对沟通所造成的障碍。④组织障碍：组织障碍主要指传递的层次过多、传递渠道单一造成传递速度过慢形成沟通障碍。以上是常见的沟通障碍，由于障碍的类别不同，特点各异，排除障碍的方法自然不同。

3. 实施中的突发事件干扰

对公共关系计划的实施影响最大的莫过于突发事件干扰，这里所说的突发事件干扰主要有两大类：一类是人为的纠纷危机，如公众投诉、新闻界批评、不利舆论的冲击事件等；另一类是不以人意志为转移的各类灾变危机，如战争、洪水、地震、商业危机等。但不论哪种类型的突发事件，都具有这样一些特点：①发生突然，常常使人措手不及；②后果严重，处理不善常常给公共关系计划实施带来严重影响，甚至会严重损害企业形象；③影响面大，容易带来大面积的恐慌。对突发事件的排除属于"风险管理"或"危机公关"的内容，解决突发事件需要防御性公关。一般说来，对突发事件的处理需要注意：①实事求是地发布信息，不清楚的要坦率地告诉对方，不要把主观臆想混在其中。②发布时机对控制舆论非常重要。③注意在发布消息时尽量统一形成文字，因为口头传播容易误传。④为防止小道消息和流言蜚语的产生，宣传中要统一口径，不能随便发表言论。⑤有些社会影响大的问题一般认为发布消息越早越好。⑥一旦事故出现，应有专人负责与新闻界联系，做好媒介工作。

四、公共关系计划实施的原则

由于实施过程汇总可能碰到上述的各种障碍，因此在实施过程应该注意坚持下述原则。

（一）目标导向原则

所谓目标导向原则是指在公共关系计划实施过程中，保证公共关系计划实施不偏离既定目标的原则。在公共关系实施过程中，为了使目标导向的原则得到正确的运用，人们常常采用线性排列法和多线性排列法,将所有公共关系行动和措施按先后顺序有机排列组合起来,然后再加以实施。

线性排列法是按公共关系行动、措施的内在联系为先后顺序逐一排列出来,一步一步地向目标迈进。例如,美国一家牛奶公司意欲将该公司的消毒牛奶打入日本市场。但是它却遇到了一系列障碍:日本的消费者对喝这种消毒牛奶是否有好处持怀疑态度;日本消费者联盟反对这种产品,担心消毒牛奶的安全问题;靠近大城市的牛奶场主反对消毒牛奶的分销,害怕与此竞争;由于有关利益集团施加压力,几家大零售商表示不愿意经销这种牛奶;那些依靠国内货源而兴旺起来的牛奶专业商店,也反对消毒牛奶的引进;卫生福利部门和农林部门表示,他们首先将等待和观察消费者能否接受消毒牛奶,然后再决定赞成还是反对消毒牛奶广泛销售。为了排除这些障碍,公司的第一步行动是与日本卫生部门联系,使之批准销售该产品,因为没有该部门的批准,公司就无法实施下面的计划。在此之后,第二步是说服大零售商来经销消毒牛奶。第三步,与牛奶场取得联系。第四步,对消费者进行指导消费教育。这四步均是在前一个行动取得成功的基础之上,逐步迈向目标的。线性排列法的优点在于,当前一步行动没有取得成功的时候则不急于开展第二步工作,以避免浪费人力、物力与资金。

多线性排列法是将几个行动同时展开、共同向成功迈进的排列方法。这种排列方法可以缩短整个计划实施的时间,但花费的人力、物力、资金相对比第一种排列的方法要多,而且一旦前面一步的工作不能获得成功,下一步工作将造成浪费。

(二)控制进度的原则

控制进度的原则就是根据整个公共关系计划的目标和需要,按照一定的程序,掌握工作的进展速度,以避免出现畸轻畸重的倾向。在公共关系计划实施过程中,由于分工不同的实施人员各负其责地开展工作,往往会出现多方面工作不同步的现象。例如,某项大型的赞助活动已经在电视和报刊上广泛传播开了,但赞助的纪念品还尚未制作好,这样势必影响到赞助活动的正常进行,还会影响组织的声誉。因此,在公共关系活动的开展过程中,应经常检查各方面的情况,及时发现超前或滞后的现象,搞好协调,使各方面工作平衡开展。贯彻控制进度的原则必须具备两个条件:第一,要有明确的控制目的;第二,要重视信息的反馈。

(三)整体协调的原则

所谓整体协调的原则就是在计划实施过程中使工作所涉及的方方面面达到和谐、合理、配合、互补、统一的状态。协调则强调实施过程中的各个环节之间、部门之间及实施主体与其公众之间相互配合,不发生矛盾或少发生矛盾,当矛盾产生时,也能及时加以调节解决。最普遍、最常见的协调有两类。

纵向协调是指上下级之间的协调。为了保证此类协调的效果,须注意以下几点:①上级部门对下级部门要有充分的了解;②上级部门提出的新行动措施不可在下级部门毫无思想准备和组织准备的情况下突然付诸实施;③实施计划中的主要目标和措施必须告知下级部门及全体实施人员;④下级部门必须实事求是,如实反映情况。

横向协调是指同级部门或实施人员之间的协调。横向协调通常采用当面协调、文件往来等形式沟通信息,从而达到协调的目的。

无论是纵向协调还是横向协调均要依赖信息的沟通，沟通过程中传递的信息应具有明晰性、一致性、正确性、完整性等特点。所谓明晰性就是沟通的信息要有清楚明确的表达，并能在实施人员的心目中形成清晰的印象。如果不能明确地表达实施计划的指令和概念，目标上下不能统一，那么，实施人员就不能抓住整个公共关系计划的重心，协调工作也会因目标不明确而无所适从。一致性的特点在于实施人员所接到的指令往往不止一个，这种先后发布的指令必须前后一致，否则，实施人员就会对指令感到困惑不解，协调只会成为空谈。正确性是指要避免信息失真，不要在沟通过程中有意无意地曲解信息的内容并加上自己的主观解释。否则协调工作也不可避免地因信息失真而偏离既定的目标。完整性的要求是建立双向交流的信息通路。只有通过双向的信息交流，才能有效地进行协调。

总之，协调的目的，是要使全体实施人员在认识和行动上取得一致，保证实施活动的同步与和谐，提高工作效率，减少或杜绝人力、财力和物力的浪费。

（四）反馈调整的原则

反馈是控制论中的一个重要概念，也是公共关系计划实施中的一个重要概念。所谓反馈就是指把施控系统的信息作用于受控系统（对象）后产生的结果再输送回来，并对信息的输出发生影响的过程。由于人们通常要用这种反馈后所获得的认识来调整公共关系计划的实施活动，所以又称之为"反馈调整"。它的特点是根据过去实施的情况去调整未来的行为。反馈调整的过程是公共关系计划制订者确定公共关系目标，根据公共关系计划的目标制定具体的实施方案，实施方案制定好后，组织有关部门和人员对方案进行评估，然后，把评估结果与原定的公共关系目标进行比较，发现问题后再重新修订整个公共关系计划，这是第一步。第一步工作之后，则开始将经过修订后的公共关系方案付诸实施。实施后再将实施结果与原定的目标进行比较以影响、调整下一步公共关系计划的制订与实施。由于公共关系计划实施的环境和目标公众的情况是复杂而变化的，因而，在实施过程中，必须不断地把公共关系计划在客观环境中实施的结果与公共关系目标相对照，如有偏差，应及时对计划、行动或目标做出相应的调整。要依靠各种形式的信息反馈渠道，把方案实施的各种信息及时、准确地搜集汇总上来，经过研究分析，作为采取调整行动的依据。这里应该说明：一项公共关系计划的制定与实施，并非作一次反馈调整便可解决一切问题。它需要经过多次循环往复的反馈、调整，使实施不断完善，直至完成公共关系计划，实现战略目标。

（五）选择时机的原则

在公共关系计划实施过程中，时机选择正确与否对公共关系计划实施效果影响很大。一般来说，在公共关系计划实施中，正确选择时机需要考虑：第一，要注意避开或利用重大节日。凡是和重大节日没有联系的活动都应避开节日，以免被节日活动冲淡公共关系活动的色彩。凡是和重大节日有直接或间接联系的公共关系活动则可考虑利用节日来烘托氛围以扩大活动影响的辐射范围。第二，要注意避开或利用国内外重大事件。凡是需要广为告知的公共关系活动都应避开国内外重大事件，以免与重大事件冲突。凡是需要广为告知而又希望减少轰动的活动可选择利用重大事件。第三，注意不应在同一时间内同时进行两项以上不同的公共关系活动，以免其效果被相互抵消。

第四节　公共关系评估

公共关系评估是对公共关系工作做全面深入的研究，是公共关系"四步工作法"中的最后一步。它在公共关系实践活动中起着不可低估的作用。公共关系评估是改进公共关系工作的重要环节，是开展后续公共关系工作的必要前提，同时，它可以使组织的领导人看到开展公共关系工作的明显效果，从而更加自觉地重视公共关系工作。公共关系评估涉及公共关系全过程的所有内容，复杂程度和难度比较大，要取得成功，应该对以下问题进行较深入的研究：评估的意义、评估的内容、评估的程序、评估的方法和评估总结报告的撰写。

一、公共关系评估的意义

公共关系评估，就是根据特定的标准，对公共关系计划、实施及效果进行衡量、检验、评价和估计，以判断其优劣。公共关系评估是对整个公共关系活动全过程的评估，也是对公共关系活动的每一阶段、每一项目的考核评价。它可以伴随着公共关系工作的进展，根据要求随时评估。它与我们平常所说的总结或反思有些类似，只不过公共关系评估不是一般性的总结，而是一种具有特定标准、方法和程序的专门研究活动。公共关系评估除用于考核评价效果外，它在公共关系实践活动中的三个阶段——调研阶段、制订计划阶段及实施阶段均发挥着不可低估的作用。公共关系评估的主要作用表现在以下三方面。

1. 评估是改进公共关系工作的重要环节

公共关系评估对一个社会组织的公共关系工作具有"效果导向"的作用。美国公共关系先驱者埃瓦茨·罗特扎恩早在1920年时就曾经说过，当最后一次会议已经召开，最后一批宣传品已经散发，最后一项活动已经成为历史的记录时，就是你在头脑中将自己和自己所采用的方法重新过滤一遍的时刻。这样你就会清理出经验和教训，供下一次借鉴。这位先驱者所说的"清理出经验和教训，供下一次借鉴"，恰恰说明了公共关系评估对改进公共关系工作的重要作用。

2. 评估是开展后续公共关系工作的必要前提

从公共关系工作的连续性来看，任何一项新的公共关系工作计划的制订与实施都不是孤立存在和凭空产生的，它总是以原来的公共关系工作及其效果为背景的。制订新的公共关系工作计划，要对前一项公共关系工作从计划的制订到实施、从效果到环境变化进行系统评估分析，即使是前后两项公共关系工作所要解决的问题各不相同，也应该和必须这样做。例如前一项公共关系工作目标是为新产品开拓市场，而后一项公共关系工作的目标是缓解不利舆论对组织的冲击、挽回组织的声誉，但这两项公共关系工作仍然不是截然分开的。因为，你要缓解不利舆论对组织的冲击，挽回组织的声誉，必须了解这种不利舆论产生的原因、辐射的范围及产生的影响，就不可避免地要涉及组织的产品市场、消费公众、组织形象等问题，对前一项为新产品开拓市场的公共关系工作的评估将为后一项公共关系工作提供决策的依据。这是公共关系工作连续性的一种表现。

3. 评估是鼓舞士气、激励内部公众的重要形式

公共关系工作实施的效果本身往往体现为一个复杂的构成，既涉及公众利益的满足，也涉及公众利益的调整；跟涉及组织形象的改善，也涉及组织策略、方针的改进和修正。一般来说，内部员工很难对它有全面深刻的了解和认识。所以，当一项公共关系计划实施之后，由有关人员将该项公共关系计划的目标、措施、实施的过程和效果向内部员工解释和说明，可以使他们认清本组织的利益和实现的途径，自觉将实现本组织的战略目标与自己的本职工作紧密地联系在一起，并变为一种爱岗敬业的行动。

公共关系评估的另一重要意义还在于使组织的领导人看到开展公共关系工作的明显效果，从而使他们能更加自觉地重视公共关系工作。

二、公共关系评估的适用范围

1. 活动策划和准备阶段评估

主要内容包括材料是否充分，信息是否正确合理、信息检验是否恰当、所做判断是否科学合理。在公共关系准备阶段，对公共关系计划实施效果还难以测定，这个时期的评估主要对资料的充分性、合理性和有效性做一系列客观与主观的分析。

2. 实施过程评估

主要内容包括计划的合理性、可行性，执行过程的合理性（信息发送数量、被媒介采用情况、接收到信息公众数量等）。

3. 活动效果评估

主要内容包括公众受影响程度分析（受影响公众范围、数量、程度、发生期望行为数量和程度、达到目标程度）和经济效果分析。

评估可以依据传播四个层次达到程度判断。①信息层次：信息是否与公众共享；②情感层次：是否与公众感情联系紧密了；③态度层次：公众态度是否变化，是否符合组织预期；④行为层次：通过传播，公众消费是否产生变化。你还记得吗？

4. 经费使用情况和其他情况评估

三、公共关系评估的程序

公共关系评估的程序可以分为六个步骤，如图 8-3 所示。

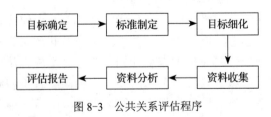

图 8-3　公共关系评估程序

如果细分一下，需要做以下事情：

（1）设立统一的评估目标。统一的评估目标是检验公共关系工作的参照物。有了参照物才能通过比较来检验公共关系计划与实施的结果。即使这一评估目标更多的是定性的而非定量的，仍需订出一个统一的评估目标。这需要评估人员特有关问题比如评估重点、提问要点形成书面材料。以保证评估工作顺利进行。另外，还要详细规定调查结果如何运用。

如果目标不统一，则会在调查中搜集许多无用的材料，影响评估的效率与效果。

（2）取得组织最高管理者的认可并将评估过程纳入公共关系计划之中。评估不是公共关系计划的附属品或计划实施后的事后思考和补救措施，而是整个公共关系计划的重要组成部分。因此，对评估应该给予足够的重视，对评估的方法、程序等方面予以充分的考虑和周密的筹划。

（3）在公共关系部门内部取得对评估的一致意见。这一部门的负责人要认识到，即使是公共关系人员本身也不能一下子就把公共关系活动没有实物性结果的性质和它的可测量效果联系起来。要给他们足够的时间认识效果评估的作用和现实性，并允许他们通过自己的亲身体验加深这一认识。

（4）从可观察与测量的角度将目标具体化。在项目评估过程中，首先应该将这项目目标具体化。例如，谁是目标公众。哪些预期效果将会发生以及何时发生等。没有这样的目标分解，项目评估就无法进行。同时，目标分解还可以使公共关系计划的实施过程更加明确化与准确化。

（5）选择适当的评估标准。目标说明了组织的期望效果。如果一个组织将"让公众了解自己支持当地福利机构，以改善自己的形象"作为公共关系活动的目标，那么，评估这样的公共关系活动的标准就不应是了解公众是否知道当地报纸上哪一个专栏报道了这一消息，占用了多大篇幅，而应该了解公众对组织认识情况以及观点、态度和行为的变化。

（6）确定搜集证据最佳途径。调查并非总是了解公共关系活动影响的最佳途径，有时组织活动记录也能提供这一方面的大量材料。在有些情况下，小范围的试验也是十分有效的。在搜集有关评估资料方面，没有绝对的唯一最佳途径。在这一方面，方法选择取决于评估的目的；提问的方式以及前面已经确定的评估标准。

（7）保持完整的计划实施记录。这些资料能够充分反映公共关系人员的工作方式和工作效果，尤其重要的是反映计划的可行性程度，哪些策略是有效的，哪些策略是无力的或者无效的，哪些环节衔接比较紧密，哪些环节还有疏漏或欠缺。

（8）及时、有效地使用评估结果。公共关系活动的每一个周期都要比前一个周期表现出更大的影响力，这是运用前一个周期评估的结果对后一个周期进行了调整的缘故。由于对评估结果的运用，问题确定及形势分析将会更加准确，公共关系目标将会更加符合组织发展的要求。

（9）将评价结果向组织管理者报告。这应该成为一项固定的制度，它的作用一方面可以保证组织管理者及时掌握情况，有利于进行全面的协调；另一方面也可以说明公共关系活动在持续地保持与组织目标相一致及其实现组织目标过程中的重要作用。

（10）提高对公共关系的理性认识。公共关系活动的科学组织与准备效果评估导致人们对这一活动及其效果有更多的理解与认识，效果评估的成果又进一步丰富了公共关系专业知识的内容。通过具体项目效果评估所得到的资料，经过抽象化分析，可以得到对指导这一活动有普遍意义的思想、方法与原则。

四、公共关系评估方法

评估本身是一项研究工作，需要采用各种各样的研究方法。

（一）专家意见法

专家意见法又称"德尔菲（Delphi）"法，是一种综合专家意见，就专门问题进行定性预测的方法。稍作修改即可用于不易量化的公共关系效果的评估，其分为以下四个步骤。

（1）由主持人拟好调查评估项目，并给出评价标准。如公众舆论的变化可分为呈好转、略好转、原状、略恶化、恶化五个标准。

（2）邀请专家若干名。一定要聘请那些知识丰富、熟悉情况的专家。

（3）请专家们匿名、独立地就拟定项目发表意见。若意见分散，则将上一轮意见汇集整理，反馈给每一位专家，请他们重新发表意见，直至意见趋于一致。

（4）汇总出能代表大多数专家意见的结论，作为专家集体对公共关系活动的评判。

（二）民意测验法

民意测验法英文名称"Public Opinion Poll"。这种方法在公共关系评估中运用较为普遍。这种方法的基本做法是，按抽查法的要求，在选定的公众群体中，选择一定数量的测验对象，用问卷、表格等方式，征求他们对指定问题的意见、态度、倾向，再做出统计、说明，分析公共关系活动的效果。

（三）公众意见征询法

公共关系人员通过与公众代表的对话，征询广大公众的意见和观点。这种方法又可分作"公众代表座谈会"和"公众询问法"两种。前者可以制度化，并有效地控制与会者的代表性；后者则是以口头、电话等方式，就固定问题，随机地向被询问者提问，然后将公众意见汇集、整理，形成综合意见。

（四）实验法

这种方法的实质是，利用事物、现象间客观存在的相互关系，通过调节某个变量（如公共关系活动前后，某个企业的声誉），测定另一些量（如产品销售量、订货量）的增减。实验法可以在经历和未经历公共关系活动的两组公众之间展开。例如，一家家用日用化工品公司，在报上连载宣传夏季正确使用化妆品的方法，旨在向公众传授在不同季节，正确选用适宜化妆品的知识。我们采用实验法对该项活动的效果进行评估：先测验一组报纸订户（实验组）的有关知识，再对另一组未接触过该报的公众（控制组）进行有关知识测验，将两次测验结果作比较，就很容易得出评估结论。实验法的关键在于，在确保实验对象代表性的同时，尽可能缩小实验范围。

（五）组织活动记录法

在组织实施公共关系活动前后，坚持在组织的日常活动中，记录有关标志和指标的变化。全面、准确的活动记录是重要的效果评估资料。例如学校的报考人数，企业的产品销售额，宾馆的投宿人数，机关的出勤率都属组织活动记录范围。进行评估，要依据记录的资料，选择一定的标准进行比较，然后得出评判结论。

（六）传播审计法

这种方法是通过大众传播媒介发布的本组织的统计分析，评估组织公共关系信息传播情况。通过以下指标和方法，我们可以概略地了解公共关系信息传播的效果。

1. 定量分析

（1）沟通有效率。它是指沟通有效数与沟通信息总数之比，可用公式表示为

$$沟通有效率 = (沟通信息总数 - 无效数) / 沟通信息总数 \times 100\%$$

（2）公共关系信息传播速度。传播速度指标是单位时间内传播的信息量，或一定的信息量传递所需要的时间。单位时间内传播的信息量越多，或一定信息量传递所需要的时间越短，说明传播速度越快。其公式如下：$R = 传播信息量 / 传播的时间$。在这个公式中，R 值越大，传播速度就越快，传播效率就越高。传播速度是评价传播效果的一个重要指标。

（3）视听率。这是通过测定大众传播媒介传播的公共关系信息来得到公共关系工作效果的方法。视听率就是实际视听人数与某一调查总人数的比例用公式表示为

$$视听率 = 实际视听人数 / 调查总人数 \times 100\%$$

（4）知名率。知名率是指掌握公共关系信息的人数与某一被调查总人数之比。用公式表示为

$$知名率 = 掌握公共关系信息的人数 / 被调查人数 \times 100\%$$

2. 定性分析

新闻媒介报道迅速，感觉灵敏且有很大的影响力。经常进行新闻分析，就可以从新闻媒介关于本组织的报道中评估公共关系活动的效果。新闻分析主要有以下内容。

（1）报道的篇幅和时数。篇幅越大，出现频率越高，时数越多，引起注意和兴趣的程度就越高。这是从"量"上判断。

（2）报道的内容。报道中，对组织的成就、发展情况报道越多，效果就越好，在公众中树立起组织的良好形象的可能性也越大。这是从"质"上分析。

（3）新闻媒介的层次和重要性。所谓层次高、重要的媒介是指那些级别高，发行量大，覆盖面广，具有权威性，影响力强的新闻媒介。这些媒介发表对组织有利的报道，往往比其他媒介更利于提高组织的知名度和美誉度。

（4）新闻资料的新闻价值。对新闻资料是正面报道还是反面报道，是全面报道还是摘要报道，是重点报道还是一般报道，是醒目的版面还是次要的版面，这些差别均会使报道效果不同。

（5）报道的时机。报道的时机是否及时、适时，是否能恰好配合组织的实际发展，迟发的新闻报道有时不仅无益，反而有害。

（6）记者、编辑的反应。记者、编辑对于所提供的资料是否满意，如资料是否及时，是否容易编发，是否需要较大的改动，是否适合报刊的要求。

【案例分析】

1. 某酒厂生产的青梅酒在日本、欧美销售极好，当中国的酒水批发商准备将它引进时，却发现它产自中国某著名酒厂。原来此青梅酒已研发生产出来十余年了，但至今未做任何宣传，以至于在国内同类产品竞争日趋激烈时，这款酒在国内几乎没有任何反响。之所以国外口碑甚好是一次偶然机会，业务员将酒拿去宾馆试销，正赶上宾馆住有很多日本游客，而这些日本游客对中国古诗极为欣赏，所以这种酒"青梅煮酒论英雄"的广告词让他们十分关注。加之试饮时发现这种果酒清洌爽口，便纷纷将之带回国内，由此打开了国外市场。这个酒厂的公关形象有何特点？应该作何努力？

2. 广州佳丽日用化工厂生产的"神奇药笔"，由于价廉、效果好，深受国内外消费者的

欢迎。但是，产品最初上市时，尽管该厂在报纸电视上作了不少广告，可销路一直不佳。因为人们已习惯于使用传统的产品，不相信像支粉笔样的产品，随意画上几笔，会有杀死蟑螂的神奇性。如何使消费者信服呢？该厂灵机一动，何不来个当众试验呢？一天，该厂派人带上样品来到《羊城晚报》编辑部，用药笔在办公室地上随意画上几个圈，然后在圈内放出事先准备好的蟑螂，不过两三个小时，这些害虫全部死在药笔画成的圈内。在场的《羊城晚报》记者及编辑目睹了这一情景后无不惊讶，大为赞赏。当晚，《羊城晚报》即以"死给你看"为题加以如实报道。这样神奇的宣传报道，一下子提高了"神奇药笔"的知名度，使得销售量大增。这个案例给了我们什么启示？

第九章　公共关系专题活动

公共关系专题活动是一种常见的公共关系活动。它是组织以公共关系为主题，有计划、有步骤地开展的各种有特定目的和内容的社会活动。几乎所有的社会组织在建立、发展和壮大过程中，都要定期或不定期地举办一些专题活动来宣传自己、协调关系、塑造形象、争取公众。富有新鲜感和纪念意义的专题活动，能使参与者在融洽和谐的气氛中感受到活动组织者的各种意图，接受各种信息，增强对组织者的亲善感，达到提高组织知名度和美誉度的目的。公共关系专题活动是一个有计划地进行准备、实施和总结的过程，策划和举办成功的专题活动，要求公关人员不仅要有广博的知识，还要熟练掌握进行专题活动的技能。

第一节　公共关系专题活动及其作用

一、专题活动的定义

公共关系专题活动是以公共关系传播为目的，有计划、有步骤组织众多人参与的协调的社会活动。在专题活动的定义里，我们必须掌握以下两点。

（1）专题活动以社会传播为目的。例如，中国银行斥巨资赞助香港"97回归"在香港维多利亚港的烟花大会演，目的就是传播中国银行是香港发钞银行的良好形象。健力宝赞助中国女排是为了宣传健力宝公司是运动型饮料的生产厂。

（2）众多人参与的社会活动是专题活动定义的基本条件。要算得上是大型，要有两个基本条件：一是活动社会化，二是活动参加人数量多。香港烟花汇演覆盖香港，参加活动的人有上百万，加上电视的转播，影响的人就更多了。

二、专题活动的作用和目的

（一）专题活动对于企业的作用

1. 直接效益和作用

（1）举办者直接获益。组织通过公关专题活动策划，可以扩大组织的知名度和美誉度，树立自身形象；实现其对内对外的经营目标，增加其经济收入。

（2）承办者直接获益。承办者主要是指受委托的专业展览公司或展览会场馆，他们可以从承办中直接获得经济效益，不断扩大承办者的知名度，同时密切承办者参与参展者的关系。

（3）参展者直接获益。公关专题活动为参展者提供了一个推销自己展品或服务的机会，他们可以借此机会扩大组织经营规模和扩大知名度的机会,增加产品售后利润,获取各种信息情报。

（4）参观者直接获益。参观者大多是购买者、被服务者或是被宣传对象,他们可现场看样,直接定货,快速购买和接受宣传,还可以与同行切磋技术,沟通联系,获取信息,开阔思路和启迪创意。

2. 间接效益和作用

（1）有效促进地方经济的发展和腾飞。通过策划举办各种专题活动,可以提高地方的知名度,吸引投资者的兴趣。如我国的各种文化节,就是文化搭台,经济唱戏,以文化促经济的举措。

（2）有效推动城市建设。地方经济的发展推动城市建设的发展。在北京举办的亚洲运动会就给北京的城市建设带来了巨大变化,开辟了8条新路和百条街道,新建了四座大型立交桥,修建和改造了不少体育场馆,修建了亚运村,使北京城市面貌大为改观,促进了城市进一步向现代化发展。

（3）提供大量的商贸合作机会。专题活动是商务交流的绝佳机会。像2018年举办的中国国际进口博览会,中国政府诚挚欢迎各国政要、工商界人士,以及参展商、专业采购商参展参会,拓展中国市场,分享各国经贸合作商机,实现互惠互利,共赢发展。中国愿与各国一道,将中国国际进口博览会打造成为世界一流的博览会,为各国开展贸易、加强合作开辟新渠道,促进世界经济和贸易共同繁荣。

（4）有效促进科技文化事业的发展。通过公共关系专题活动,可以交流文化、推广技术,使人类各项先进科学技术和文化知识融为一体,以展品本身的形式以及专题活动本身的美,给人以启迪、激励和鼓舞,促进了科学技术和文化事业的发展。

（5）有效促进商业和旅游业的发展。观众的参展活动为交通业、零售业和旅游业带来了繁荣,大量的交往活动又为交通业饮食、娱乐业带来了财气。

（二）策划专题活动的目的

公共关系人员独具匠心的公共关系专题策划活动可以使公共关系日常工作高潮迭起,为企业创造有利的公共关系时机。

策划公共关系专题活动主要为了达到以下目的。

1. 制造新闻

所谓制造新闻,是指在坚持真实性的前提下,举办具有新闻价值的活动,吸引新闻界和社会公众的注意,争取被报道的机会。吸引新闻媒体和社会公众的注意,以扩大企业的社会影响,提高企业的知名度。公共关系专题活动一般都有明确的主题,独特设计的活动内容,因而会成为新闻媒体和社会公众关注的"热点"。当然也可以主动与新闻媒体联系,使新闻媒体的参与成为整个活动的组成内容之一。

2. 为促销服务

通过公共关系专题活动,淡化推销的色彩,使社会公众从感情上接受一种新产品、新服务,制造有利的营销气氛,从而为进一步的销售活动开拓道路。

3. 增强好感

利用社会传统的重大节日或企业自身富有意义的纪念日,举办公共关系专题活动,可以表达企业对社会公众的善意,改变企业的社会舆论和关系环境,改善企业内部的人际关系。

4. 联络感情

通过策划和举办公共关系专题活动,与社会各界广泛联络交往,为企业广结善缘。

5. 挽回影响

当企业形象受到损害时,需要运用多种手段加以纠正,通过巧妙的设计和有效的工作,改善公众原有的印象,使受到损害的企业形象得以恢复。

第二节 赞助活动

赞助活动是社会无偿提供资金或物质支持某一项社会事业或社会活动,以获得一定形象传播效益的公共关系专题活动。它可以使提供赞助的组织与赞助的项目同步成名,是一种信誉投资和感情投资行为,也是一种有效的公共关系手段。

一、赞助活动的基本类型

（一）赞助体育活动

这是最常见的一种赞助形式。体育活动的影响面大,公众参与的感觉强烈,并且超越了民族、国界和政治因素的影响,特别是奥运会和世界杯足球赛这样的世界范围的大型体育比赛,其影响是十分巨大的。如果社会组织赞助这一类的体育活动,会扩大自身的知名度和美誉度,增强自身的广告效果。

（二）赞助文化活动

赞助文化活动,不仅可以培养组织与公众的友好感情,还能通过知名度的扩大来创造良好的社会效益,许多组织对电影、电视剧、文艺演出、音乐会、演唱会、画展的赞助已经获得了成功。无论是对文化活动本身的赞助,还是对文化艺术团体的赞助,都是既繁荣和发展文化事业,又建立良好组织形象的有效形式。

如:2019年3月在上海最大的生态城市公园上海世纪公园举行了一场以环保为主题的"2019 RUN FOR EC0"公益环跑活动。活动由三菱电机(中国)有限公司(以下称"三菱电机中国")官方唯一赞助已连续举办了四届。本次环跑总公里数将与线上游戏累积积分一同转换为现金由三菱电机中国向中华环境保护基金会进行捐款。

（三）赞助教育事业

赞助教育事业是一种效益长远的活动。它不仅有利于教育事业的发展、有利于全民族素质的提高,也有利于赞助者自身的人才培养和选拔,为组织建树良好形象。其形式有设立奖学金、成立基金会、捐赠图书设备、出资修建教学科研楼馆、赞助科研项目等。如邵逸夫在许多高校建了逸夫楼。

近几年,不少外资企业纷纷把赞助目光投向了大学校园,选择大学生作为赞助对象,既获得了支持教育事业的好名声,又为自己日后选拔人才奠定了基础。松下、西门子、索尼、杜邦、奔驰、摩托罗拉等大公司纷纷派出了公共关系部的得力干将"登陆"中国高校。

（四）赞助慈善福利事业

这是组织与社区、与政府搞好关系，赢得良好社会声誉的重要途径。它能表明组织的社会责任感和高尚品格，容易获得社会公众的好感。常见的做法有救济残疾人、资助孤寡老人、捐助灾区人民、捐赠儿童福利等。如2003年"非典"期间许多国家和企业都向我国捐赠了医药物资和资金。

（五）赞助纪念活动

赞助重大事件和重要人物的纪念活动，可以树立组织的独特形象，展示组织的文化内涵。如建国周年庆典、大型社会经济成就展览、历史伟人的事迹展览和纪念活动等。

（六）赞助特殊领域

赞助某一特殊领域，可以使组织在某一方面获得一定的知名度或美誉度，增强在这方面的形象竞争力。如赞助学术理论活动和学术著作的出版、赞助生态资源保护和文物古迹的开放等。金种子集团就赞助了河南省营销协会年会和颁奖大会。

除以上几种赞助类型外，还有赞助社会培训、赞助竞赛活动、赞助宣传品的制作等形式。

二、赞助活动的基本步骤

（一）明确赞助目的

每次赞助活动都有它的目的。赞助活动的目的一般有以下几种：
(1) 追求新闻效应，扩大社会影响。
(2) 增强广告效果，提高经济效益。
(3) 联络公众感情，改善社会关系。
(4) 提高社会效益，树立良好形象。

（二）选择赞助对象

社会组织可以主动选择赞助对象，也可以请求决定赞助对象。不论是什么情况，都要依据组织自身的发展战略和公共关系目标来选择和确定。

（三）制订计划与具体实施

提供赞助的社会组织要由赞助委员会根据赞助方向和政策，根据组织的经济实力等，提出年度赞助计划，写明赞助对象的范围、经费预算、赞助形式、组织管理办法等，以做到有计划、有控制地进行活动。计划制订好以后，要派专门的公共关系人员负责各项赞助方案的具体实施，运用公共关系技巧去扩大组织的社会影响。如果遇到不正当赞助要求和摊派，应坚决拒绝，必要时可诉诸社会舆论和法律。

（四）检测赞助效果

赞助活动结束之后，组织应对赞助效果进行调查检测。可以对照计划检测指标完成情况，可以收集社会公众、新闻媒体和受赞助者的看法，找出差距，评定效果，写出报告，存档备查。

三、开展赞助活动的基本原则

社会组织无论是主动选择赞助对象，还是接到赞助请求时考虑是否赞助，都应当遵循下述基本原则。

（一）社会效益原则

赞助活动要着眼于社会效应，即赞助对象和赞助项目具有较强的社会意义和社会影响，具有良好可靠的社会背景和社会信誉。如社会救灾、希望工程、残疾人福利等。

（二）传播效益原则

赞助活动直接提供了资金或物质，因此必须讲究传播效果，所赞助的项目和对象应该有利于扩大本组织的知名度和美誉度。同时要调查和分析社会公众和新闻界是否关注、程度如何等。

（三）合乎实力原则

社会组织无论开展什么形式的赞助活动，都应当量力而行，不要超过自己的承受能力。赞助经费的支出也要留有余地，以备意外之用。

（四）合理合法原则

赞助者和赞助对象都应符合法律道德，符合社会利益和公众利益，坚持原则，严格按条件办理，杜绝人情赞助、人情广告等不正之风。

第三节　新闻发布会

一、新闻发布会的作用和特点

（一）新闻发布会的作用

新闻发布会，也有人把它称为记者招待会，其实严格来讲两者不太一样。新闻发布会侧重于发布新闻，如企业做出了某项重要的决策、研制生产了某种新产品或推出了某项对社会有重大影响的革新项目。企业若想通过大众媒介把这些信息广泛传播出去，就可以举办新闻发布会。

记者招待会则有所不同，它不一定是有新闻发布，它的主要目的是和新闻媒介公众进行沟通。任何企业与社会各界公众的交往中，都会遇到很多错综复杂的问题，如本单位与外单位发生了法律纠纷，企业受到了社会舆论的谴责、受到了新闻媒体的公开指责、受到了某一其他社会组织的诬告等等。当这些问题发生之后，企业为了挽回影响并争取舆论界的支持，借助于新闻媒介传递真相、澄清事实，引导公众舆论，树立或维护形象，就有必要召开记者招待会。

（二）新闻发布会的特点

新闻发布会是一种两级传播：组织先将信息告知记者，再通过记者所属的大众传播媒介告知公众。它一般具有以下特点：

(1) 形式比较正规、隆重，规格比较高。

(2) 记者可以根据自己感兴趣的方面或所看重的角度进行提问，更深入地发掘消息。

(3) 在深度上和广度上比其他新闻发布方式更具优越性。

(4) 比其他新闻发布方式占用记者和组织者更多的时间。

(5) 所耗成本比较高。

(6) 对发言人和主持人的要求很高，需要机智、敏感、反应迅速，比如：我国外交部的几位新闻发言人在代表中国政府对中外新闻记者发布消息时，面对各种各样的提问都能应付自如，充分展示了中国政府外交人员的良好形象。

（三）新闻发布会的误区

目前普遍存在于新闻发布会活动中的误区主要有以下几种：

(1) 误区之一：没话找话，没事找事。有些企业似乎有开发布会的嗜好，很多时候，企业并没有重大新闻，但为了保持一定的影响力，证明自己的存在，也要时不时地召开发布会。

(2) 误区之二：内容与形式两张皮。新闻性的缺乏使得组织者往往在发布会的形式上挖空心思、绞尽脑汁，"没有做不到，只有想不到"。热闹倒是热闹了，效果却未见得理想，如果过于喧宾夺主，参会者记住了热闹的形式，却忘记了组织者想要表达的内容。

(3) 误区之三：什么都想说，什么都说不清。发布会最忌讳重点不突出，眉毛胡子一把抓。

二、召开新闻发布会要做的工作

要使新闻发布会召开成功，达到预期的效果，在新闻发布会召开之前、召开之中、召开之后都需要做好多方面的工作。

（一）会前的准备工作

(1) 首先要确定它的必要性和主题。研究和分析是否有值得广泛传播的信息，传播的信息是否有新闻价值，是否有新闻传播紧迫性，是否是新闻传播的最佳时机等。一般来说，有新产品问世、有新技术开发、有新项目合作、开业或倒闭、合并或转产、重大纪念活动、重大危机事故等，都具有一定的发布价值。

(2) 要确定新闻发布会举行的时间和地点。举行新闻发布会，在时间上应该尽量避开节假日和有重大社会活动的日子，以免记者不能来参加。在地点选择上主要是考虑给记者创造各种方便采访的条件，如录像、拍摄的辅助灯光、视听辅助工具、幻灯或电影的播放设备，适合记者使用的桌椅、电话机、传真机等，以及交通是否方便、地点是否安静等。

(3) 要确定邀请的对象。确定邀请的对象，应根据新闻发布会的主题，有选择地邀请有关的新闻记者参加，如经济类、文化教育类、体育类、社会生活类、法制类等，都有不同的媒介工具或不同的媒介记者。还要根据消息发布的范围来确定记者的覆盖面和级别，考虑如何选择报纸、杂志、广播、电视等媒介记者，以及考虑媒介是地方性、

区域性还是全国性。邀请对象一经确定，应提前7～10天发出邀请，临近开会时还应打电话联系落实。

(4) 选定主持人和发言人。由于记者的职业要求和习惯，他们大都会提出一些尖锐深

刻甚至很棘手的问题。这对主持人和发言人提出了很高的要求。主持人和发言人除具有较高的文化修养和专业水平外，还要思维敏捷、口齿伶俐。主持人一般由组织公共关系机构的负责人担任，首先介绍会议基本情况和议程，再由发言人做详细发言。发言人应由组织的高级领导担任，因为他们熟悉组织的整体情况和方针、政策，发布消息和回答问题具有权威性。不论主持人和发言人，都是组织形象的化身，其外表形象的设计也应下一番功夫，服饰仪表、言谈举止都应该给人以礼貌真诚的感受。

（5）要准备好发言和报道提纲，以及宣传辅助材料。根据会议的主题收集有关信息，写出准确生动的有关资料如主持人的讲话提纲、发言人的发言稿、答记者问的备忘提纲、新闻统发稿、会议报道提纲、所发新闻的有关背景材料和论据材料，以及有关的图片、实物、影像等辅助材料。这样，既为会议的主持人和发言人提供有益的参考提示，也为记者们充分理解所发新闻信息及有关问题提供帮助，并为记者们的采访报道提供方便和参考。需要特别注重的是，会前应将会议主题、发言稿和报道提纲在组织内部通报一下，以防因上下口径不一而引起记者猜疑和混乱。

（6）要预算会议所需费用。根据新闻发布会的规格和规模做出可行的经费预算。费用项目一般有场租、会场布置、印刷品、茶点、礼品、文书用品音响器材、邮费、电话费、交通费等。需要用餐时还应加上餐费。

除以上几点会前准备工作，有时会后还需要组织记者实地参观采访，这项工作需要有专人接待，安排好参观路线和范围。

（二）会中的注意事项

（1）主持人要充分发挥主持和组织作用，以庄重的言谈和感染力活跃会议气氛，引导记者踊跃提问。当记者的提问离开会议主题太远时，要善于巧妙地将话题引向主题。能够及时调节缓和会议出现的紧张空气，掌握好预定的会议时间而不要随意延长。对各个媒体的记者都一视同仁，不能厚此薄彼。

（2）对所发布的信息必须做到准备无误，若发现错误应及时予以纠正。对于不愿发表或透露的信息，应委婉地向记者做出解释，一般情况下记者会尊重组织者意见的。如果吞吞吐吐，反而更会使记者追根问底而造成尴尬局面，甚至记者会因此发表对组织不利的报道。

（3）不能随便打断记者的提问或用各种语言、表情、动作表示对记者不满，即使记者的提问带有很强的偏见或带有挑衅性，也不能激动发怒，要表现出很有涵养，用冷静的态度和缓和的话陈述事实，予以纠正和反驳。遇到回答不了的问题，不能简单说"不知道""不清楚"或"我不能告诉你"等，应采取灵活而变通的办法给予回答，以免引起记者的反感。

（三）会后的工作

会后应尽快整理出新闻发布会上的记录材料，对会议的组织、布置、主持和回答问题等方面工作的经验和不足做出评价和总结，归档备查。同时收集到会记者在报刊、电台、电视台上发表的新闻报道，对这些报道的内容及倾向做定性定量的分析，检查是否达到了新闻发布会的预定目标，是否有由于失误而造成的谬误，如果出现不利于组织的报道，是组织自身行为引起的应虚心接受并致歉意,是记者方面的问题则应采取行动说明真相,要求媒介更正。对于检查出的问题要分析原因并设法弥补。还要收集记者及其他与会代表对新闻发布会的反应,了解接待、安排、提供方便等方面的工作是否欠妥,并对照签到簿看哪些记者作了报道,以此作为以后举行新闻发布会时邀请记者范围的参考依据。

第四节 展览会

展览会是通过实物展示和示范表演来展示社会组织的成果和风貌的公共关系宣传活动。由于它图文并茂,较为直观形象,往往会给公众留下深刻的印象,因此展览活动是新组织、新产品、新技术等塑造形象的最优公共关系宣传媒介之一。

一、展览会的特点

1. 直观性

展览活动是一种非常直观、形象的传播方式。它把实物直接展现在公众面前,并有现场操作表演,给人以"亲眼目睹""眼见为实"的感受。

2. 双向性

展览活动不仅可以当面向公众展示自身形象,同时还可以收集公众反馈意见,有针对性地就个别公众或某种特殊情况进行交谈,做到良性的双向沟通。

3. 复合性

展览活动是一种复合性的传播方式,它通常用多种媒介进行交叉混合传播,往往以实物展出为主,配以文字宣传资料、图片、幻灯、录像和电脑等媒介,再加上动人的解说、友好的交谈、优美的音乐、生动的造型艺术,综合了多种媒介的传播优势,具有很强的吸引力。

4. 高效性

展览活动可以一次展示许多行业的不同产品,也可以集中同一行业的多种品牌来展示,是一种高度集中和高效率的沟通方式,它为参观提供了更多的机会并节省了大量的时间和费用。

5. 新闻性

展览活动是一种综合性的大型活动,除本身能进行自我宣传外,往往能够成为新闻媒介追踪的对象,成为新闻报道的题材。通过新闻媒介的报道传扬,展览活动的宣传效应将大大扩展。

2018年11月月末举办的中国(重庆)万石博览会,至今已成功举办十届,是由重庆市商务委员会和重庆市文化委员会联合主办,重庆国际会展中心承办,以"弘扬民间文化,推动产业发展"为主题,荟萃海内外奇珍异宝,彰显天下藏品神韵,促进文化交流、带动贸易往来。为重庆乃至西部文化行业的发展搭建了一个良好的交流平台。万石博览会累计展出面积达16万平方米,累计参展单位和个人达到7 300余家,累计成交金额突破10亿元(组委会不完全统计),累计参与人数达到58万余人次。展商遍布全国30多省市自治区,更有来自阿富汗、斯里兰卡、老挝、巴基斯坦、缅甸、越南等南亚及西亚地区的10余个国家组团参展,极大促进了地域之间的文化及商贸流通的交流发展。这次展览成为年末重庆入的一个"看点"和新闻媒介的一个"卖点"。参观这样的展览,不仅可以形象直观地其他地域文化的辉煌成就,还可以从中感受到不同风格的布展创意和制作方法,学到多方面的知识和经验。

二、展览会的类型

展览会的类型大致可以这样来划分。
(1) 根据性质,可以分为贸易性展览和宣传性展览。
(2) 根据内容,可以分为综合性展览和专题性展览。
(3) 根据规模,可以分为大型展览、小型展览和微型展览。
(4) 根据场地,可以分为室内展览、露天展览和巡回展览。
(5) 根据时间,可以分为长期展览、定期展览和一次性展览。

三、举办展览会的方法

1. 明确展览会的主题和目的

主题明确才能提纲挈领、确定展览活动的传播沟通方式和接待形式,有针对性地收集各种参展资料,把所有实物和文字、图片等组合排列成有机的整体。

2. 明确参展单位和参展项目

为了确定参展单位和参展项目,可以采用广告和发邀请的形式组织参展单位,为有可能参展的单位提供展览活动的宗旨、展出项目类型、对参观者人数与类型的预测、展览活动的要求和费用等基本资料。

3. 指定展览活动主创与主编人员

指定展览活动主创与主编人员构思整个展览结构,策划新闻宣传,安排开幕式与闭幕式。负责设计并确定会标,撰写前言及结束语,为各部分的编辑讲明总体布局及各部分之间的衔接要求。

4. 选择时间地点

时间上要考虑到展出内容的有无季节性和周期性,如农副产品、花卉、服装、饮料、滋补食品等;是否与重大社会活动的时间相冲突等。地点上首先要考虑是否有方便参观者的交通条件,其次要考虑场地的大小、质量、设施;此外还要考虑场地周围环境是否与展览主题相互协调。

5. 明确参观者类型和数量

针对特定目标公众来设计制作版面,确定传播手段沟通方式,以保证展览效果。如:对专家观众一定要有内行的解说员和专业化的资料介绍,对一般的参观者就可以采取通俗易懂的解说和直观普及性的宣传。

6. 准备展览材料

各部分编辑根据展览大纲收集各参展单位的实物和文字、图片、录音、录像资料,撰写展览脚本交设计室完成设计,再由制作组完成制作、加工美化。各种文字、电子辅助宣传资料,各种辅助设备以及各种相关服务都应在前期做好准备。

7. 成立专门对外发布新闻的机构

展览活动中很多具有新闻价值的信息可供公众关系人员挖掘,写成新闻稿发表;也可邀请新闻界采访报道。这项工作应该由专门机构制订计划和组织实施，以扩大展览活动的社会影响。

8. 培训工作人员

展览活动工作人员的素质与技能对整个展览效果起着重大影响作用。要对展览活动的工作人员进行公共关系训练，尽可能使他们做到懂得展览项目的专业知识，能为观众提供咨询服务；善于礼貌文明地交际，能得体地与各类观众交流；仪表端庄大方，不落俗套。

下述对2018年11月在上海举行的首届中国国际进口博览会作简单的分析。

（1）国家展精彩纷呈。充分展示各国独特文化和优势产业，内容丰富、特色鲜明。中国馆以新发展理念为主线，由创新、协调、绿色、开放、共享五大板块和港澳台展区组成，开放大气，充分展示了我国改革开放巨大成就和新机遇，得到各国嘉宾一致好评。

（2）企业展"国际一流"。企业一流，220多家世界500强和行业龙头企业参展展品一流，首次亮相中国的展品多达5 000余件，有300多项新产品和新技术首次发布，集聚了世界各国优质"土特产"，颇受消费者青睐。环境一流，上海国际大都市风采靓丽，场馆既充满现代化元素、又具有浓郁中国特色，是全球最大单体展馆。服务一流，城市综合保障、接待、交通等措施充分到位，志愿者服务展现中国热情、中国活力。成效一流，130多个国家和地区的参展企业都有成交，都有获得感，拓展了国际市场空间。

（3）参展国特别广泛。首届进博会共有156个国家、3个地区和13个国际组织参加，其中二十国集团成员、金砖国家、上合组织国家全部参展，58个"一带一路"沿线国家和35个最不发达国家参展。参展企业全部是境外企业。来自境外的采购商达6 200多人。这么多国家和企业参会，实现了"买全球、卖全球"，进博会被与会嘉宾誉为"万国博览会"。

（4）这次展览是一次国际性公共关系活动，由于主办单位是中国，多个国家居于此地，必然会出现不同语言之间交流沟通的方式问题。虽然参展实物、模型、图片是没有理解障碍的，但在进入世贸商城大门以及进入展区之前，每个参观者都要依据本国语言和汉语填写自己的姓名、单位等。好在这个这个进口博览会的参观者都是文化水平较高的公众。但这个问题也是对我们从事公共关系工作的人员来说，提出了在举办国际性展览、参加国际性公共关系活动中的一种素质要求。

四、展览会的开支种类

举办展览会的经费预算和使用是不可忽视的，主要有以下开支：

（1）场地使用费，包括各种设备使用、资源等。

（2）设计建造费，包括材料费。

（3）工作人员酬金，包括工资、津贴、差旅费。

（4）传播媒介租用费，包括电视、录像带、电子计算机软件、幻灯机、幻灯片、新闻广告费用等。

（5）宣传品、纪念品制作费用。

（6）交际联络费，包括举行招待会、购买茶点、接待宾客及交际应酬的各种费用。

（7）运输费，即运输展品的费用。

（8）保险费，贵重物品在展览期间要办保险所花的费用。

（9）预备金，作为调剂补充使用的费用，一般占总费用的5%～10%为宜。

第十章 公共关系中的人际交往

第一节 人际交往与形象塑造

一、人际交往的含义与基本模式

1. 含义

人际交往是指人与人之间运用一定的方式和手段对信息的传递与交流。

2. 人际交往的模式

（1）直接沟通和间接沟通。直接沟通是运用人类自身固有的手段（如语言手段和非语言手段）而进行的面对面的沟通。间接沟通就是借助技术手段（如书信、文章、电话等个人媒介和报纸、电视、互联网等大众传播媒介）而进行的不见面的沟通。

（2）正式沟通和非正式沟通。正式沟通是指通过组织关系进行、经过精心设计与安排并有一定程序、建立在一定的正式社会结构基础上的信息传递和交流。非正式沟通是指未经过设计和安排、没有一定程序、人们通过私人关系并以个人身份进行的信息交流。

（3）语言沟通和非语言沟通。语言沟通就是以自然语言为沟通手段的信息交流。非语言沟通就是不以一般语言为沟通手段的沟通。

二、人际交往的一般过程

（1）相遇阶段。信息发送者与信息接受者之间的最初的联系。

（2）注意阶段。只有通过相遇，才能引起注意。

（3）吸引阶段。由注意产生交往的愿望，但注意还不是交往本身。

（4）适应阶段。在交往过程中，交往双方彼此为对方所吸引，这便为双方的进一步交往打下了良好的基础，这时的交往会进入一个更高的层次——适应。

（5）依附阶段。当交往双方经过一段时间的接触和了解，感到彼此适应了双方时，交往就进入了依附阶段。

三、人际交往中自身形象的塑造

（1）精神饱满，神情自然。在社会交往中始终要以极大的热情关注对方，对其所感兴趣的东西感兴趣，并随着双方的言谈举止做出自然得体的反应。

（2）仪表整洁，衣着得体。根据人际吸引的原则，一个风度翩翩、俊逸潇洒的人，能产生使人乐于交往的魅力。

（3）谈吐幽默，言语高雅。谈吐能直接反映出一个人是博学多识还是孤陋寡闻，是接受过良好的教育还是浅薄无知。

(4) 自然大方，挥洒自如。只有对自己充满信心，相信自己和自己能力的人，才能在社交中做到自然大方。

第二节 人际交往中的语言技巧

一、赞扬的技巧

(1) 真诚是赞扬的前提。人们常说"精诚所至，金石为开"，赞扬是最能够被对方接受的方式，前提是发自真心，表现真诚。

(2) 赞扬对方引以为荣的闪光点。每个人成长发展的历史过程满载着历史记录，其中不乏自己引以为荣的闪光点。

(3) 赞扬要实事求是。赞扬要恰如其分，如果赞扬不得法，那么即使是真诚的赞扬，也会受到排斥。

(4) 赞扬要适应环境。赞扬要与所处的环境相适合，要根据时间、地点、双方的谈话内容等因素的不同，选择适当的语言材料和手段，寻求以最佳的表达方式加以赞扬。

(5) 间接赞扬可能收到奇效。

二、劝说的技巧

(1) 以退为进。在说服对方发生困难时，劝说者可以先绕开话题，作些适当的让步，先消除对方情绪的对立，使他没有戒心，然后因势利导，以退为进，陈述利害。

(2) 逻辑诱导。在劝说别人时，寻求双方态度上的一致性，往往是进行有效劝说的重要基础。

(3) 类比借喻。既可以使道理讲得形象易懂，又往往能够避开对方的心理界限，使其在不知不觉中受到暗示、引起思索、获得启发，从而改变原有的态度。

(4) 分散注意。倘若劝说对象刚愎自用，固执己见，这时，直接劝说往往会受到抗拒，很难打开对方的心扉。

三、否决的技巧

(1) 选择好谈话的场合与环境。

(2) 拒绝或否定之前，最好先肯定对方的优点。

(3) 否决对方时，要给对方台阶下。

四、道歉的技巧

(1) 勇于承担责任。

(2) 善于把握时机。

(3) 巧于借物传情。

(4) 贵在持之以恒。

第三节 人际交往中的心理障碍及克服方法

一、交往过程中的心理障碍

1. 知觉障碍

（1）第一印象指在人际交往中，第一次经历的事件往往给人留下的印象特别深刻，以后要改变这种印象很难。

（2）晕轮效应指在人际交往中，人身上表现出的某一方面的特征掩盖了其他特征，从而给人际认知造成障碍。

（3）刻板印象指在人际交往中，对某一类人或事物进行简单的、比较固定的概括而形成的笼统的看法。

2. 语义障碍

3. 心理障碍

（1）嫉妒。

（2）自卑和羞怯。

（3）猜疑。

（4）自私。

二、克服心理障碍的方法

（1）认识和完善自我形象。

（2）严于律己，宽以待人。

（3）树立新型的交往观念和交往意识。

第十一章 公共关系活动模式

一般说来，不同的公共关系策划之间的一个重要区别就是公共关系模式不同。当然，一种公共关系策划方案可以包含一种公共关系活动模式，也可以包含几种活动模式，交叉使用，以取得更好的效果。

那么，什么是公共关系活动模式呢？所谓公共关系活动模式，是指特定的公共关系运行机制或工作方式。不同的组织，在不同的时期，公共关系有不同的目标和内容，通常情况下，一切具体的公共关系活动只有采取特定的运行方式和机制，才能取得理想的效果。公共关系在长期的运行过程中，已经初步形成几种活动模式。

第一节 战略型公共关系活动模式

战略型公共关系活动模式是由关于组织全局的、长远的、整体的目标以及实现目标的一系列公共关系活动构成，主要有以下5种。

一、建设型公共关系活动模式

建设型公共关系活动模式是指在组织初创时期或新产品、新服务首次推出时为打开局面而采用的公共关系工作模式。其目标是在组织初创或新产品上市时能达到精彩亮相、提高知名度和塑造良好的"第一印象"。这种公共关系模式的工作重点是宣传和交际，向社会公众介绍组织及产品等，使公众对新组织、新产品、新服务有所认识，引起公众兴趣。公共关系人员要努力结交朋友，尽量使更多的公众知道、理解、接近自己，取得公众的信任与支持。

建设型公共关系有多种传播形式，主要有开业（周年）庆典、开业广告、新产品展销、新服务介绍、免费试用、免费接待参观、开业折价酬宾、赠送宣传品、主动参加社区活动等。此外，对于新开办的企业，公共关系活动的重要工作之一就是要考虑整体的组织形象定位，包括组织的总体特征、内外在特征、CIS及组织文化的整体设计。使组织能成功地、顺利地走向社会从而树立良好的第一印象。这些内容在有关章节详细介绍，这里仅介绍新企业、新产品命名或老企业、老产品更名的设计方法。

（1）要以创名牌产品带动创名牌组织。组织名称与产品名称同一，便于记忆，例如健力宝公司以健力宝产品带出一个健力宝集团，这种战略是品牌一元化战略。如果产品与组织名称不一致，就容易造成误会以至混乱。这种现象目前还较普遍，如"三露"厂生产

"大宝"化妆品,"大宝"集团生产"森宝"化妆品;莫斯科餐厅被北京人爱称为"老莫",它的蛋糕名满京城,但是"老莫蛋糕"的商标却被别的厂商注册了。名称不一致使公众在购买产品或与组织打交道时往往会弄错、搞混。所以组织应尽量避免这类问题发生。

(2) 名称的确定要遵守以下原则:①要反映组织特色;②要符合公众的心理需求,不能选公众不愿意接受或费解、不好听的名字;③要注意信息人性,既不要与别人重名,也不要过于俗气,让人从名称中无法获得个性信息;④要具有时代性,符合社会发展的时代精神。

(3) 选择合理的命名方法。①借鉴老字号。如北京元隆顾绣绸缎商行是 1981 年重新组建的,其名称就借鉴了一家百年老店。"顾绣"是专为皇家提供绣品的字号,虽然这家店在中华人民共和国成立后不存在了,但元隆顾绣商行使它重新"复活",并借用这个名称走向了世界。②借助地名。如"洛杉奇"源于地名洛杉矶。③借谐音。如济南康巴丝石英钟的名称来源就是"济南"两字的发音在山东话里与"指南"接近,而指南针在英语里是 Compass,汉语译音就是"康巴丝"。④借助人名。如贝利公司。⑤借助译音。如"雅戈尔"源于青春衬衫厂青春的英文"Younger"译音"雅戈尔"。⑥征集名称。如生产"乐百氏"的公司,就通过征集为自己更名为"今日集团"。征集可以使社会更加关注组织,比单独的更名广告要强得多。

二、维系型公共关系活动模式

维系型公共关系活动模式是组织在稳定发展时用以巩固良好公共关系的模式。目的是通过不间断的传播和公共关系工作,维持组织在社会公众心目中的良好形象。

这种模式一方面开展各种优惠服务吸引公众再次合作,另一方面通过传播活动把组织的各种信息持续不断地传递给各类公众,使组织的良好形象始终存留在公众的记忆中,一旦产生需求,公众就可能首先想到组织,接受组织产品与营销政策。

维系型公共活动模式是针对公众心理特征精心设计的。它具体分为三种:一是硬维系,是指那些维系目的明确、主客双方都能理解意图的维系活动。这种模式适用于已经建立了购买或业务关系往来的组织和个人,特点是靠优惠措施和感情联络来维系与公众的关系。二是软维系,是指那些活动目的虽然明确,但表现形式却比较超脱的公共关系活动,它的目的是让公众不至于淡忘了组织。其具体做法可灵活多样,但要以低姿态宣传为主,如定期广告、组织报道、提供组织的新闻画片等等。保持一定的媒介曝光率,使公众在不知不觉中了解组织的情况,加深对组织的印象。三是强化维系,是指在组织有了一定形象时,为进一步巩固和发展既有形象、消除潜在危机而开展的公共关系活动。如日本电器公司(NEC)在日本国内和其他许多国家中都享有盛誉,但他们仍不满足,于是选中了中国这个大市场,赞助中央电视台的体育节目和"中日 NEC 围棋擂台赛",在中国公众面前频频亮相。在北京亚运会召开之前,NEC 安排了一次"NEC 国际足球邀请赛",把一些欧洲球队请到北京来比赛,给中国队创造了与世界强队交流的机会。电视台同时现场直播,又为广大中国球迷提供了一个观看的机会。同时,也维护了 NEC 与中国公众的良好关系,这就是 NEC 在中国开展的成功的强化维系型公共关系活动。

三、进攻型公共关系活动模式

进攻型公共关系活动模式是一种主动争取公众、创造良好环境时采用的一种公共关系模式。这种模式要求组织运用一切可以利用的手段，抓住一切有利的时机和条件，以积极主动的姿态调整自身行为，改变环境，摆脱被动局面，创造有利于组织发展的新局面。

这种模式最大的特点就是"主动"，如不断开拓新产品和新市场，改变组织对环境的依赖关系；组织同行联合会，以减少竞争者之间的冲突和摩擦；建立分公司，实行战略性市场转移，创造新环境、新机会等等。

具体内容包括以下四方面：一是创新。开拓新的领域，改变组织对环境的原有依赖关系，可以通过研制新产品、开拓新市场、组建新的合作关系等方式吸引更多的顾客群，建立新的关系。二是合作。主动交朋友、加入同行协会或搞协作性的交流会议，减少与竞争者的冲突、摩擦。三是转移。组织要尽量避免受到环境中的消极因素的影响，对这些影响可以采取迂回转移策略。比如来组织拉赞助的人太多，组织承受不了，特别是知名组织、模范单位，有时确实处于进退两难的尴尬境地。组织对此活动可以主动出击、组织活动，就可以告诉那些拉赞助的人组织已经搞了类似的活动，这比不想参加效果要好，而且不会有副作用。四是利用机会主动出击。例如，上海某宾馆主动请孔繁森的妻子王庆芝到该店下榻，并对员工进行教育。南京的商业界到安徽去"抢"劳模到南京传经等等，这些都是典型的进攻型公共关系活动。

四、防御型公共关系活动模式

防御型公共关系活动模式是组织为防止自身的公共关系失调而采取的一种公共关系活动模式，是组织与外部环境出现不协调或与内部公众发生轻微摩擦时所采用的公共关系活动模式。其特点是防御与引导相结合，变消极为积极。

公共关系应该以预防为主，在组织发展顺利、情况正常的时候，要善于发现问题、预见问题，及早制定出防治措施，才能在公共关系活动中保持主动。防御型公共关系活动模式的主要公共关系活动有开展公共关系调查和公众意见征询，组织的经营政策及行为的自我审查和自我评判，制度措施的修改与完善等。

五、矫正型公共关系活动模式

矫正型公共关系活动模式是组织遇到风险、组织的公共关系严重失调，组织形象发生严重损害时所采用的一种公共活动模式。其特点是三个"及时"，即及时发现问题，及时纠正错误，及时改善不良形象。

在组织形象受到损害时，公共关系人员应立即采取有效措施，尽量减轻损害造成的后果，做好善后工作，配合组织的其他部门，重新建立起组织的新形象，挽回组织的声誉。

组织形象受损一般有两种情况：一是由于外在的原因，如某些误解、谣言，甚至人为的破坏，致使组织的形象受到损害，这时公共关系人员应及时、准确地查明原因，迅速制定对策，采取行动，纠正或消除损害组织形象的行为和因素。另一种情况是由于组织的内在原因，如产品质量、服务态度、环境保护、管理政策、经营方针等方面发生了问题而导致公共关系的严重失调。这时公共关系人员应迅速查明原因，采取行动，尽快与新闻界取得联系，控制影响面，及时把外界舆论准确地反馈给决策层和有关部门，提出消除危机的办法和纠正错误的措施。同时还需运用各种公共关系手段和技巧开展公共关系活动，求得公众谅解，公布纠正措施和进展情况，平息风波，恢复信任，重新树立良好形象。

第二节 战术型公共关系活动模式

战术型公共关系活动模式是由组织经常的、具体的一系列公共关系活动构成，主要有以下几种。

一、宣传型公共关系活动模式

宣传型公共关系活动模式是运用大众传播媒介和内部沟通方法开展宣传工作，树立良好组织形象的公共关系活动模式。主要做法是利用各种传播媒介和交流方式，进行内外传播，让各类公众充分了解组织，支持组织，进而形成有利于组织发展的社会舆论，使组织获得更多的支持者与合作者，达到促进组织发展的目的。其特点是主导性强、时效性强、传播面广、推广组织形象效果好。

宣传型公共关系模式又可分为内部宣传和外部宣传两种。内部宣传是公共关系人员最经常进行的工作之一，它的主要对象是内部公众，目的是让内部公众及时、准确地了解与组织有关的各方面的信息，以便鼓舞士气，取得内部理解和支持。常用的手段有组织报纸、职工手册、黑板报、宣传栏、闭路电视、演讲会、讨论会等等。外部宣传的对象包括与组织有关的一切外部公众，目的是让他们迅速获得对本组织有利的信息，形成良好舆论。主要手段有举办展览会、经验或技术交流会以及广告宣传、新闻报道等等。

二、交际型公共关系活动模式

交际型公共关系活动模式是在人际交往中开展公共关系工作的一种模式，目的是通过人与人的直接接触，进行感情上的联络，为组织广结良缘，建立广泛的社会关系网络，形成有利于组织发展的人际环境。其方式是开展团体交际和个人交往，团体交际包括各式各样的招待会、座谈会、工作午餐会、宴会、茶话会、慰问、舞会等。个人交往有交谈、拜访、祝贺、个人署名的信件往来等。

交际型公共关系活动模式是公共关系活动中应用最多、较为有效的公共关系模式。它不仅用感情投资的方法，达到组织与公众的互助、互利、互惠，而且还是一种获得信息的有效途径。它具有直接、灵活的特征，在与不同人的接触交谈中，可以捕捉到有价值的信息，使组织在竞争中出奇制胜。需要注意的是，开展交际工作时要坚决杜绝各种不正当的手段，并且明确认识交际只是公共关系的手段之一，而绝非它的目的，同时更不能把一切私人交际活动都作为公共关系。交际型公共关系活动具有十分重要的作用。

（1）良好的人际沟通是公共关系传播的重要途径。个人之间的沟通是面对面进行、具体生动的，它针对性强，有直接迅速的反馈，在一定程度上比大众传播媒介效果好。据调查，人们对亲友之间的宣传信任程度达75%以上，对传播媒介中广告宣传的信任程度则最高只有30%。有人统计，报纸上刊登的广告对公众的影响仅为15%～25%。

（2）富于魅力的个人形象有利于塑造组织良好的公共关系整体形象。在利用个人形象塑造组织形象时，要注意：一是要选择那些具有个人魅力的人。二是可以聘请各界明星来担任组织的"大使"。如我国体操名将李宁退役后加盟健力宝集团，开发李宁系列产品，为企业带来巨大的效益。

（3）人际交往中，礼仪礼节是搞好关系的基础。《文摘报》两次刊登了类似的报道，说的是一位外国企业家与我国一位厂长洽谈项目，谈完后，厂长在送他出厂门时，随意向地上吐了一口痰，导致这位外国企业家中止了与该厂的合作。他还说："这样的领导不仅不懂礼貌，而且不讲卫生，让人很难想象这家工厂能生产出高质量的产品来。"不文明的举止最终导致了合作的失败。这个例子说明，人际交往的礼仪礼节不仅代表公共关系人员自身素质和形象，而且是代表组织的素质与形象。

三、服务型公共关系活动模式

服务型公共关系活动模式是一种以提供优质服务为主要手段的公共关系活动模式，目的是以实际行动来获取社会公众的了解和好评，建立自己良好的形象。所谓"公共关系就是90%要靠自己做得好"，其含义即在于此。

服务型公共关系活动模式绝不仅仅限于专门的服务行业。社会上任何一类组织都能以自己独特的方式向公众提供必要的服务。国外许多一流公司都非常重视服务的质量。日本有一位企业家曾经说过：现在的顾客与其说是要买商品，不如说是要买服务。美国IBM公司，正是以它的最佳服务赢得世界上众多用户的。

服务型公共关系活动模式最显著的特征在于实际行动。组织以特殊的媒介——服务来密切组织与公众之间的关系。运用服务型公共关系，既要有服务公众的意识，还要有制度保证。

四、社会型公共关系活动模式

社会型公共关系活动模式是组织利用举办各种社会性、公益性、赞助性活动开展公共关系工作的模式。其目的是通过积极的社会活动，扩大组织的社会影响，提高其社会声誉，赢得公众的支持，为树立良好的社会形象创造条件。

社会型公共关系活动模式的形式有三种：①以组织本身的重要活动为中心而开展的。如利用公司的开业剪彩、周年纪念的机会，邀请各界宾客，渲染喜庆气氛，借此播下友谊的种子。②以赞助社会福利事业为中心开展的公共关系活动。如赞助教育、残疾人组织，赞助公共服务设施的建设等，以此在公众心目中树立本组织注重社会责任的形象，并提高组织的美誉度。③资助大众传播媒介举办的各种活动，提高组织的知名度。如冠以组织名称或产品名称的"××杯"智力竞赛、歌星、影星评选等，既活跃了文化生活，又传播了组织形象。

社会型公共关系活动模式从近期看，往往不会给组织带来直接的经济利益，而且使组织付出较多的费用；但从长远来看，它为组织树立了较完善的社会形象，使公众对组织产生好感，为组织创造出一个良好的发展环境。

社会型公共关系活动模式的特点是公益性、文化性强、影响力大，其活动范围几乎是无限的，且可大可小、可繁可简。在组织此类活动时，公共关系人员一定不要拘泥于眼前得失而不顾长远利益；也不要贪多求大，组织力量难以达到，不能收到良好的公共关系效果。所以组织要保持清醒、冷静的头脑，要量力而行，谨慎行事。

五、征询型公共关系活动模式

征询型公共关系活动模式是以提供信息服务为主的公共关系活动模式，目的是通过采集信息、舆论调查、民意测验等工作，了解社会舆论，为组织的经营管理决策提供参考，使组织行为尽可能地与国家的总体利益、市场的发展趋势以及公众的意愿、需求一致。

征询型公共关系活动模式可采用的形式很多，如号称"世界第一饮料"的可口可乐公司通过征询调查，掌握了主动权，战胜了有力的竞争者百事可乐公司。可口可乐公司正是以开展民意测验，访问重要用户，建立信访制度，设立监督电话，处理举报和投诉，进行组织发展环境的预测等征询型公共关系活动而获得公众认可，取得市场竞争主动权的。

第十二章 危机处理的公共关系技巧

第一节 危机公共关系

改革开放是我国经济社会发展的强大动力,也是我们公共关系事业发展的力量源泉。改革开放已经走过了四十年的历程,我们国家进入了中国特色社会主义新时代。在经济方面取得了巨大成果,但是经济的转型发展与社会变革也暴露了我国在现代化建设中的诸多弊端。经济建设导致的环境污染、资源破坏引发了生态环境危机和社会公共卫生事件,经济发展不平衡与资源分配不均则引发了大规模的社会公共事件与群体性事件。这些公关危机事件的频发都证实了我们确实存在于风险与危机的社会环境下,而面对新的时代背景和要求,危机不可不慎重预防并妥善处理。那什么是危机?它有些什么样的危害?面对危机从公关的角度看,我们应该怎么做呢?我们以一个案例来引出相关的内容。

引导案例:35 次紧急电话。

有一天,一位名叫基泰斯的美国记者在日本东京奥达克余百货公司买了一台电唱机,准备作为送给住在东京的婆婆的见面礼。当时,售货员以日本人特有的彬彬有礼的服务使基泰斯满意而归。但是,当她回到住所开机试用时,却发现电唱机没有装内件,根本无法使用。基泰斯不禁火冒三丈,准备第二天一早便去奥达克余百货公司交涉,并迅速写成一份新闻稿,题目是"笑脸背后的真面目"。第二天,当基泰斯正准备动身前往奥达克余百货公司交涉时,一辆汽车赶到她的住处,从车上跳下的是奥达克余百货公司的副总经理和拎着皮箱的职员。他们一进基泰斯的客厅便俯首鞠躬,表示歉意。基泰斯颇感意外,他们是怎么找到这里的?那位副经理打开记事簿,讲述了大致的经过。原来,昨天下午清点商品时,他们发现错将一个空心的货样卖给了一位顾客。因为此事非同小可,经理马上着急公关部有关人员商议。当时只有两条线索可循,即顾客的名字和她留下的一张美国快递公司的名片。据此,奥达克余百货公司展开了一连串无异于大海捞针的行动,打了 32 次紧急电话向东京各大饭店查询,但没有结果。于是又打电话给纽约的"美国快递公司"总部,接着打电话给顾客的父母,从那里得知了顾客东京的住所。这期间的紧急电话合计 35 次。接着,副经理亲手将一台完好的电唱机,外加唱片一张、蛋糕一盒奉上,然后离去。这一切使基泰斯深受感动,她立即重写了新闻稿,题目叫"35 次紧急电话"。

这一杰出的公共关系案例给我们这样的启示:任何企业或社会组织,在同公众打交道过程中,由于受种种主客观条件的影响,都难免会出现这样或那样的失误,也难免会遇上一些不测之事,这些都会使自身的形象受到不同程度的损害。尽量避免这些损害或在损害时重新建立起新形象,是公共关系人员责无旁贷的责任,因此,作为企业或社会组织,首先必须具有自律的意识,把社会公众的利益放在第一位。其次要有强烈的"救火"意识。

失误一旦发生，应该及时加以纠正。那种面对失误，却又无动于衷的做法，只会导致事态变得严重，使组织陷于被动挨打的境地。这就是我们所说的危机及其处理。那么什么是危机？发生危机后组织公共关系人员应该如何应对呢？

一、危机及其特点

危机是指突然发生的，可能严重影响或危及组织机构生存和发展的灾难性事件。在互联网的时代，一点火星可能引起燎原之火。

（1）意外性。千里之堤，毁于蚁穴。由于企业内部因素所导致的危机爆发前都会有一些征兆，但由于人为疏忽，对这些事件习以为常，视而不见，因此危机的爆发经常出于人们的意料之外，危机爆发的具体时间、实际规模、具体态势和影响深度，是始料未及的。

（2）聚焦性。进入信息时代后，危机的信息传播比危机本身发展要快得多。媒体对危机来说，就像大火借了东风一样。信息传播渠道的多样化、时效的高速化、范围的全球化，使企业危机情境迅速公开化，成为公众聚集的中心，成为各种媒体热炒的素材。同时作为危机的利益相关者，他们不仅仅关注危机本身的发展，而更关注企业对危机的处理态度和所采取的行动。而社会公众有关危机的信息来源是各种形式的媒体，而媒体对危机报道的内容和对危机报道的态度影响着公众对危机的看法和态度。有些企业在危机爆发后，由于不善于与媒体沟通，导致危机不断升级。

（3）破坏性。危机常具有"出其不意，攻其不备"的特点。不论什么性质和规模的危机，都必然不同程度地给企业造成破坏，造成混乱和恐慌，由于决策的时间以及信息有限，往往会导致决策失误，从而带来无可估量的损失。而且危机往往具有连带效应，引发一系列的冲击，从而扩大事态。对于企业来说，危机不仅会破坏正常的经营秩序，更严重的是会破坏企业持续发展的基础，威胁企业的未来发展。

（4）紧迫性。对企业来说，危机一旦爆发，其破坏性的能量就会被迅速释放，并呈快速蔓延之势，如果不能及时控制，危机会急剧恶化，使企业遭受更大损失。而且由于危机的连锁反应以及新闻的快速传播，如果给公众留下反应迟缓，漠视公众利益的形象，势必会失去公众的同情、理解和支持，损害品牌的美誉度和忠诚度。因此对于危机处理，可供做出正确决策的时间是极其有限的，而也这正是对决策者最严峻的考验。

二、危机的主要类型

按照不同标准可以将危机分为不同的种类。为了更好地处理危机事件，这里选择按照危机发生的原因进行分类。

1. 组织行为不当引起的危机

在社会组织发展过程中，组织在指导思想、工作方式、运行机制等组织本身方面的原因引起的危机。比如严重的内部事件、工作失误、决策失误、纠纷事件等。组织行为不当之所以能引起危机，主要是因为组织行为不当，就会影响组织和公众双方的信任和合作，影响和谐的人事环境和最佳的社会舆论；组织的行为不当，必然直接或间接损害公众的利益；组织形象是经过组织全员持久的努力达成的，忽视细节，最终必然导致危机。比如克莱斯勒公司因几家工厂篡改汽车里程表，把一些在试车时弄坏的车经修理后又当作新车卖给了顾客。对克莱斯勒的指控很快在新闻媒介和社会公众中引起轩然大波。

2. 突发事件引起的危机

非预见性的、外在因素引起的突发事件,导致组织公共关系形象受损的危机。比如不可抗力导致重大伤亡事故、外在因素引发事故、外来故意行为等。突发事件引起危机,主要是因为突发事件引发的危机给社会组织造成较大利益损失,出于保护自身利益的考虑,公众会远离受到破坏的组织,从而导致组织失去公众、失去市场,影响组织的形象。由突发事件造成的危机,其破坏性较大,常常给组织造成很大的损失;由突发事件造成的危机,其悲剧效果会导致公众的逃避情绪和消极思维;由突发事件造成的危机,其客观事实和影响面较大,这种不良的负面效应也会影响组织的形象。

3. 失实报道引起的危机

新闻部门报道失实,导致公众对组织产生误解,使组织形象受损的危机事件。失实报道引起危机的原因有以下几种:①广大公众对新闻媒体具有很高的信任度,他们的报道习惯上被公众理解为事实;②遇到具体某一事件时,一般公众对于事件缺乏详细而全面的了解,对于事情的本质不会也很难进行科学的分析;③公众对于一时期存在的社会问题有一种痛恨心理,很容易与新闻报道保持一致,导致对组织受到大范围的影响。常见的方式有失实和不全的报道、以老观点看新问题、曲解事实、报道失误等。

第二节 危机的预防和处理

一、危机预防

迈克尔·里杰斯特(英国著名危机处理专家)曾说,预防是解决危机的最好办法。

1. 危机预防策略

危机的预防可以采用经验研究、向组织各个部门负责人进行征询、问题管理法、逆向思维、将危机事件整理保存等方法。

2. 危机应急计划

建立灵敏的预警系统,设立自己的情报信息网络,保持沟通联络;采取必要的行动,分析危机出现的可能性以及出现后对企业产生多大的副作用;建立以公共关系机构为核心的危机公共关系组、集中对各类危机事件进行评估研究,制订出一套危机预防计划和处理危机的反应性计划方案,找到危机问题的缺口,迅速将潜在危机避开,不断搜集各类信息,进行诊断和研究。

3. 完善的组织管理系统

要想预防组织出现或可能出现的危机事件,就应该建立起一套完整的制度,以便根据预警系统的信息制定应急措施和采取必要的行动,将危机损失降到最低程度或消灭于萌芽状态。比如信访制度、企业自查制度、公共关系调研制度以及公共关系预测制度。

4. 模拟准备

进行适当模拟训练,使员工具备基本技能,使员工在紧急情况下能够冷静处理问题。

二、危机处理原则

关于危机处理的原则有以下几种:5S 原则(即速度第一原则(Speed)、系统运行原则(System)、承担责任原则(Shoulder)、真诚沟通原则(Sincerity)、权威证实原则

(Standard)），6F 原则（即 Forecast—事先预测、Fast—迅速反应、Fact—尊重事实、Face—承担责任、Frank—坦诚沟通、Flexible—灵活变通），3T 原则（Tell your own tale. Tell it fast. Tell it all. 积极、及时、全面）等。本质上危机处理就是要关注及时性（也有人称之为 24 小时原则：即必须及时快速地处理危机，越拖越危险，这样可能使公众认为你不够诚心）、公众性（坚持公众利益第一位，因此组织要主动承担责任，不要用些推托之词）、积极性（要主动出击，不要等到被抓出来再采取行动，那就丧失了先机）、全面性（要综合全面考虑公众及其需求，不能顾头不顾腚）、灵活性（要结合事态形势的变化、组织自身优弱势、内外部资源条件等进行灵活处理和应对，不仅力挽狂澜成功跨越危机，甚至还将危机事件转变成提升企业形象的契机）。

现在我们利用 5S 的观点具体介绍危机处理的原则，这也是本节的重点。有管理专业人士提出：在处理危机时，应该遵从"5S"原则，即速度第一原则（Speed）、系统运行原则（System）、承担责任原则（Shoulder）、真诚沟通原则（Sincerity）、权威证实原则（Standard）。

1. 速度第一原则

公牛被老鼠咬了一口，非常疼痛。他一心想捉住老鼠，老鼠却早就安全地逃回到鼠洞中。公牛便用角去撞那座墙，搞得筋疲力尽，躺倒在洞边睡着了。老鼠偷偷地爬出洞口看了看，又轻轻地爬到公牛的腹部，再咬他一口，赶忙又逃回到洞里。公牛醒来后，伤痕累累，却无计可施。老鼠却对着洞外说："大人物不一定都能胜利。有些时候，微小低贱的东西更利害些。"公牛虽然强大，但却因行动迟缓饱受老鼠的折磨。危机应对同样如此。如果你没有极快的反应速度，无论你有多强的实力，你都会招致灾难。

好事不出门，坏事行千里。在危机出现的最初 12～24 小时内，消息会像病毒一样，以裂变的方式高速传播。特别是在自媒体时代，而这时候，可靠的消息往往不多，充斥着谣言和猜测。公司的一举一动将是外界评判公司如何处理这次危机的主要根据。媒体、公众及政府都密切注视公司发出的第一份声明。对于公司在处理危机方面的做法和立场，舆论赞成与否往往都会立刻见于传媒报道。因此公司必须当机立断，快速反应，果决行动，第一时间在媒体上发声，与媒体和公众进行沟通，从而迅速控制事态，否则会扩大突发危机的范围，甚至可能失去对全局的控制。危机发生后，能否首先控制住事态，使其不扩大、不升级、不蔓延，是处理危机的关键。

2. 系统运行原则

一只鹿被猎狗追赶得慌不择路跑进一个农家院子，恐惧不安地混在牛群里躲藏起来。一头牛好意地告诫他说："在我们这里，当然你能躲过猎狗。但你在这里不一定是安全的。因为如果有人经过这里，你就等于是自投罗网。"这时，主人进来了，一边埋怨牛饲料分配得不好，一边走到草架旁大声说："怎么搞的，只有这么一点点草料？牛栏垫的草也不够一半。"当他在牛栏里走来走去检查草料时，发现露出在草料上面的鹿角，于是把鹿杀掉了。这个故事告诉我们，在逃避一种危险时，不要忽视另一种危险。在进行危机管理时必须系统运作，绝不可顾此失彼。只有这样才能透过表面现象看本质，创造性地解决问题，化害为利。

危机的系统运作主要注意：①以冷对热、以静制动：危机会使人处于焦躁或恐惧之中。所以企业高层应以"冷"对"热"、以"静"制"动"，镇定自若，以减轻企业员工的心理压力。②统一观点，稳住阵脚：在企业内部迅速统一观点，对危机有清醒认识，从而稳住阵脚，万众一心，同仇敌忾。③组建班子，专项负责：一般情况下，危机公共关系小组的组成由企业的公共关系部成员和企业涉及危机的高层领导直接组成。这样，一方面是高效率的保证，另一方面是对外口径一致的保证，使公众对企业处理危机的诚意感到可以信赖。④果断决策，迅速实施：由于危机瞬息万变，在危机决策时效性要求和信息匮乏条件下，任何模糊的决策都会产生严重的后果。所以必须最大限度地集中决策使用资源，迅速做出决策，系统部署，付诸实施。⑤合纵连横，借助外力：当危机来临，应充分和政府部分、行业协会、同行企业及新闻媒体充分配合，利用自媒体引导舆论，多道联手对付危机，在众人拾柴火焰高的同时，增强公信力、影响力。⑥循序渐进，标本兼治：要真正彻底地消除危机，需要在控制事态后，及时准确地找到危机的症结，对症下药，谋求治"本"。如果仅仅停留在治"标"阶段，就会前功尽弃，甚至引发新的危机。

3. 承担责任原则

北风对人们称赞太阳是万物之灵，一直愤愤不平，认为他自己才是这世界上最厉害的。于是北风向太阳挑战：谁能使得行人脱下外衣，谁就是强者。比赛开始后，北风使出浑身解数，刺骨的寒风使行人紧紧裹住自己的衣服。风刮得越猛，行人衣服裹得越紧。最后北风不得不承认失败。而太阳却把温和的阳光洒向行人，行人慢慢地热起来，脱掉了外衣。行人的外衣就是公众对企业的防卫心理。而北风和太阳则是企业使用的不同手段。记住：温暖的太阳比凛冽的北风更能使公众脱下防卫的外衣。

危机发生后，公众会关心两方面的问题：一方面是利益的问题，利益是公众关注的焦点，因此无论谁是谁非，企业应该承担责任。即使受害者在事故发生中有一定责任，企业也不应首先追究其责任，否则会各执己见，加深矛盾，引起公众的反感，不利于问题的解决。另一方面是感情问题，公众很在意企业是否在意自己的感受，因此企业应该站在受害者的立场上表示同情和安慰，并通过新闻媒介和网络媒介向公众致歉，解决深层次的心理、情感关系问题，从而赢得公众的理解和信任。实际上，公众和媒体往往在心目中已经有了一杆秤，对企业有了心理上的预期，即企业应该怎样处理我才会感到满意。因此企业绝对不能选择对抗，态度至关重要。

4. 真诚沟通原则

一天，鸟的王国举行盛大舞会。一只母鸡觉得自己长相难看，于是去偷了一些孔雀的羽毛，小心翼翼地粘在自己身上。果然当晚她大出风头。但正当她兴高采烈地跳舞时，身上粘的羽毛接二连三地掉了下来。母鸡看见自己原形毕露，在众鸟嘲弄和鄙视的目光中落荒而逃。不要试图去掩盖自己，不要试图给自己披上华丽的外衣，不要粉饰太平！

企业处于危机漩涡中时，是公众和媒介的焦点。你的一举一动都将接受质疑，因此千万不要有侥幸心理，企图蒙混过关。而应该主动与新闻媒介联系，尽快与公众沟通，说明事实真相，促使双方互相理解，消除疑虑与不安。真诚沟通是处理危机的基本原则之一。这里的真诚指"三诚"，即诚意、诚恳、诚实。如果做到了这"三诚"，则一切问题都可迎刃而解。①诚意。在事件发生后的第一时间，公司的高层应向公众说明情况，并致以歉意，从而体现企业勇于承担责任、对消费者负责的企业文化，赢得消费者的同情和理解。②诚恳。一切以消费者的利益为重，不回避问题和错误，及时与媒体和公众沟通，向消费者说明消费者的进展情况，重拾消费者的信任和尊重。③诚实。诚实是危机处理最关键也最有效的解决办法。我们会原谅一个人的错误,但不会原谅一个人说谎。

5. 权威证实原则

狮子听说人类叫他森林之王,非常得意,于是决定去验证一下自己在森林中的威信。狮子遇见了一只猴子,于是大声问道:"我是森林之王吗?"猴子吓得魂飞魄散,连连称是。接着狮子遇见了一只狐狸,又大声问道:"我是森林之王吗?"狐狸早已屁滚尿流,一个劲儿地说"如果你不是森林之王,那还会是谁呢?"狮子更加骄傲起来,觉得普天之下莫非王土了。这时迎面走过来一头大象。狮子气势汹汹地问道:"森林之王是谁?"大象没有答话,而是伸出长鼻子,把狮子卷起来,重重地摔了出去。

自己称赞自己是没用的,没有权威的认可只会徒留笑柄。在危机发生后,企业不要自己整天拿着高音喇叭叫冤,而要曲线救国,利用各种新媒介,请重量级的第三者在前台说话,使公众解除对自己的警戒心理,重获他们的信任。

三、危机处理程序

各种类型的危机事件在规模、性质、表现形式、涉及的公众等方面虽有不同,但在处理程序上有其共同点。正确的工作程序,对危机事件的有效处理十分重要。这个工作程序应该和危机应急方案相衔接,同时根据当时情况予以调整(见图12-1)。

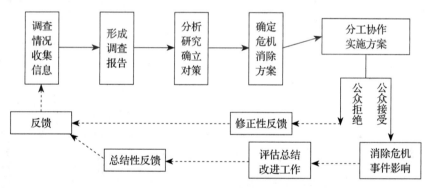

图12-1 危机处理程序图

(1)成立危机管理小组,并视情况设置危机控制中心。

(2)深入现场,掌握第一手情况。

(3)了解公众的情绪和舆论的反应,要尽可能多地、全面地掌握有关信息。

(4)分析信息,确定对策。在掌握危机第一手资料的情况下,了解公众和舆论的反应基础上,深入研究和确定应采取的对策和措施。这是危机管理的一大关键。对策不仅要考虑危机本身的处理,还要考虑如何处理危机涉及的各方面的关系,如组织和员工、受害者、受害者家属、新闻媒介、消费者、客户、政府主管部门等关系。

(5)组织力量,落实措施。这是危机管理中心环节,公众和舆论不仅仅要看企业的宣言,更要看企业的行动。

(6)总结检查,公布于众。这是危机管理结束阶段必不可少的工作。危机管理小组应对危机处理情况进行全面检查、评估,并将检查结果向董事会和股东公布。有些重大事故也可采取谢罪广告的形式在传统媒体和互联网媒介上发声,表明企业敢于承担责任,一切从公众利益出发,认真做好善后处理工作。

在遵循这个程序的同时，要特别注意以下几点：①要迅速奔赴现场，收集相关信息，比如事件发生的相关情况及其趋势，公众情况。②最好组织领导人亲自出马，给人留下敢于负责、有能力和诚意解决危机的印象。③要制定针对性措施，比如对内要迅速成立危机处理专门机构，制定危机处理基本方针、原则，确定组织发言人等；对受害者要注意耐心听取公众要求和愿望、意见，千万不要一味解释，自我表白；对新闻界要制定向新闻界披露的对策，特别注意由专人负责发布信息，保持口径一致，同时要确立积极配合新闻工作的方式、及时纠正不真实报道，注意不要引起敌意；利用互联网说明事由，澄清原因、争取公众谅解；对于政府公众要及时汇报，争取支持。④在危机被基本控制或得到有效处理时，千万不要忘了尽快主动恢复品牌形象（亡羊补牢犹未晚也，这就要求我们修补羊圈，否则还会丢羊，到那时公众就不接受了），改善企业管理。

第十三章　社交礼仪基础

第一节　礼仪概论

礼仪是公共关系的"门神",是现代文明的标志,是知书达理的"金匾",是人的心灵的外衣。

一、什么是礼仪

礼——(荀子)人无礼则不生,事无礼则不成,国无礼则不宁。

仪——仪容、仪表、仪态。

礼仪不是一种形式,而是从心底里产生对他人的尊敬之情。礼仪无须花一文而可以赢得一切,赢得陌生人的友善,朋友的关心,赢得同事的尊重。礼仪如同春风滋润着人们的心灵,沟通着人们的情感,化解人与人之间的矛盾,使人彼此关注,相互理解。礼仪看起来只是日常生活工作中的非常细小的事情,它却代表着一种深刻的道德指引,能潜移默化地影响每一个人。正可谓"四两拨千斤"。

仪态的美是一种综合之美,完善的美,是身体各部分器官相互协调的整体表现,同时也包括了一个人内在素质与仪表的特点的和谐。

仪表,是人的外表,一般包括人的容貌、服饰和姿态等方面。仪容,主要是指人的容貌,是仪表的重要组成部分。仪表仪容是一个人的精神面貌、内在素质的外在体现。一个人的仪表仪容往往与其生活情调、思想修养、道德品质和文明程度密切相关。

1. 礼仪是规范和约束

从社会的角度来看,礼仪是规范、约束。它为人们规定了在社会生活中的每一个特定场合所应有的行为表现,告诉人们在什么场合应该怎么做不应该怎么做。

"夫礼。先王以承天之道。以治人之情。""天之道"其实就是借天之名来表述的人与之间的相处之道(或为人处事之道),而礼仪就是用"仁义之道""忠恕之道"来制约人们的七情六欲。

2. 礼仪是协调人际关系的行为准则

从人际关系的角度来看,礼仪是人们在社会生活中用来协调人际关系的行为准则。由于礼仪的主要功能是协调人们之间的行为,因而它的适用范围是人际交往活动。所以,当你一人独处时,并无礼仪可言,只有与他人相处时,礼仪才有意义。

3. 礼仪是"尊重他人、约束自己"

从礼仪的内在含义理解,礼仪是"尊重他人"。"礼"是指对他人表示尊重的态度和动作，而"仪"则是规则、准则，"礼仪"即是对他人表示敬重的行为准则。

我国传统礼仪所强调的尊重往往只是对上的尊重，即下级对上级，幼者对长者的尊重。

西方礼仪强调的是平行的尊重，尊重的内容主要是对人的尊严的尊重。

而现代社仪中的尊重更多的是西方意义上的。它所讲的尊重是对整个人的尊重，包括尊重人的个性、地位、历史、外貌、性别、选择等。

4. 礼仪是内在修养的外在表现

从礼仪的内在结构理解，礼仪是内在修养的外在表现。

礼仪从自身的结构来讲，由两部分构成：质（礼的内在修养）与文（礼的外在表现）。前者是礼仪的内容（礼义），而后者则是礼仪的形式（礼节礼貌）。

"质胜文则野（粗俗），文胜质则史（浮夸），文质彬彬，然后君子"。

综合上述四个方面的理解，我们对"礼仪是什么"这一问题可作如下的概括：

（1）礼仪是人们在社会生活中处理人际关系时用来约束自己以示尊重他人的行为准则；

（2）礼仪的根本内容是"约束自己，尊重他人"；

（3）礼仪的目的是为了让人们能轻松愉快地交往；

（4）礼仪的基本原则是"为他人着想"；

（5）"己欲立而立人，己欲达而达人""己所不欲，勿施于人"则是礼仪的精髓。

二、为什么要学礼仪

1. 礼仪是个人顺利进入社会的一把钥匙

从个人的角度讲，礼仪是个人顺利进入社会的一把钥匙。

礼仪作为一种规范，是人们进行社会交往时必须遵循的一套行为规则，是人们参与社会生活的行为指导，它告诉人们什么场合应有什么样的行为表现。

2. 礼仪是组织塑造良好形象和实现自身目标的有效手段

从组织的角度讲，礼仪不仅有助于塑造良好的组织形象，还是组织实现自身目标的有效手段。

礼仪直接塑造员工的个人形象，间接塑造了企业的组织形象。

"约束自己，尊重他人"的礼仪内涵以及"为他人着想"的礼仪原则，都有助于培养营销人员为顾客着想的优良品质。一个优秀的推销员必须首先能推销自己，然后才推销自己的产品。

礼仪作为一种文化，它又是人们在人际交往时用来向对方表达友谊和好感的符号。如果不懂得这些符号的固定意义，你就无法在交往中正确把握对方言行的真正含义，也无法正确表达你对他人的态度。

3. 礼仪有助于社会的稳定有序

从社会的角度讲，国民良好的礼仪水平不仅反映了国家的文明状况和社会风尚，还有助于整个社会的稳定、有序。

孔子曰："道之以政，齐之以刑，民免而无耻；道之以德，齐之以礼，有耻且格"（《论语》）。纵观整个中国历史，礼仪一直是治理社会的有效手段。

三、如何学好礼仪

1. 过犹不及

要做到"恰如其分",就要避免"太过"。过犹不及。

"太过"主要有以下四方面的表现:

在不需有太多礼仪的地方太注重礼节,让人觉得似乎在卖弄、炫耀;

与人交往时,只注重礼节,而忽视相互间的情感交流,让人觉得你只是在做技术性操作,在玩弄技巧,而不是用心在交往。无论是私人交往,还是业务交往,礼仪都只能是使交往顺利的辅助手段,而不能完全替代交往本身;

一个人的外在礼仪表现与自身的实际修养不相符,让人觉得虚伪做作;

喜欢用礼仪的尺度去衡量他人的行为。

恰当的礼仪要求我们不能把礼仪当作资本在人前炫耀,更不能把礼仪当作评判他人行为的"尺度",拿自己的礼仪知识对别人的行为吹毛求疵。

2. 灵活应变

具体的礼仪规则是死的,而社会生活本身是丰富而多变的因此现实生活中的礼仪必须是灵活的,而不能是死板的、一成不变的。礼仪的"灵活应变"要求我们:入乡随俗。不同的地区、国家有往往有不同的礼俗,因此与来自不同国家和地区的人们交往,必须入乡随俗。

礼仪应与交往对方的身份以及相互间关系的密切程度保持一致。一般是关系越密切的人,礼仪越简单;关系越疏远,礼仪越讲究。对方身份越高,礼仪越讲究;反之,礼仪越简单。

礼仪要随场合的不同而不同。正式的场合,礼仪要规范;非正式场合,礼仪应简洁。

礼仪要随社会生活的变化而变化。

要做到灵活应变,就必须做到活学活用。也就是说,礼仪学习不仅要在课堂上学,还要在日常生活中学,在日常生活所遇到的每一个不同场合,都需仔细去观察、细心去领悟,认真去总结。

3. 以不变应万变

礼仪的内在实质在任何国家、任何民族、任何场合都是一样的,它始终不变,这就是"尊重他人""为他人着想"。

不管你的礼仪知识有多丰富,你总会碰到没有现成礼仪规则可依的场合。这时你就需要根据你对礼仪实质的理解,去推断什么样的行为是合适的。你首先应敏感地觉察对方的处境和立场,然后遵从"为他人着想"的礼仪原则去作出行为选择。

4. 内外兼修

只有达到内外兼修,在交往中才不会显得礼仪不足或是太过。一切皆发自内心,自然而真实。

如果一个人只有优美的外表,而没有良好内在涵养作根基,纵然他风度翩翩,总显单薄,缺乏持久吸引力。

只有内外兼修，才是礼仪学习的根本之道，也是个人魅力的秘诀所在。

礼仪是敬意的通称，是为了表示敬意而举行的仪式。礼貌是对他人谦恭的外在表现。

礼节是礼仪的节度、界限，是人们在交往过程中相互表现出来的行为规则和各种惯用形式。如鞠躬、拥抱、献花等。它是对别人表示尊敬和善意的一种形式，而且是组织风貌、员工精神状态、公共关系人员工作水平的集中体现。在社交场合，人们按照固定的程序、采取适当的行为方式，遵循共同的礼节、仪式形成社交礼仪。

礼节和礼仪不仅是各种人际沟通和社会交往的有效途径，而且也是多重显示人们的修美、性格、种族和文化背景的窗口。在文明社会中，它执行着对人际关系的整合及疏导的功能，同时，它又是一种形式化、抽象化了的系统，具有相对独立性。因此，不少礼仪可以跨越时代，甚至跨越民族。

第二节　基本社交礼仪

一、社交礼仪应遵守的几项原则

交往礼仪中有一个重要的"3A原则"（即接受"Accept"、重视"Attention"、赞同"Agree"）。就是要以自身的实际行动，去接受对方，重视对方，赞同对方。接受对方，是要能容纳对方，不要排斥对方。重视对方，是使对方感受到你尊重对方，而且在你心目中十分重要。赞同对方，是要善于发现对方的长处，并及时加以肯定，既不要自高自大，也不要刻意奉承。

1. 微笑的原则

在公共关系中，微笑是一种职业的需要。一个善于微笑的人要有良好的气质，潇洒的风度、深刻的修养、闪光的人格、能充分体现人的价值。只有善于微笑的人才能面对生活、学习、困难、人生，才能体现人的价值。要做到善于微笑，还要讲求笑的艺术。笑里有美，笑中有善，笑里藏拙。

笑的本质：

（1）笑是喜悦、甜蜜欢快和自信的象征。

（2）笑能赶走面部的冬色，永驻满面春风。

（3）笑能净化人的心灵，迈向辉煌的人生。

（4）笑不仅能招来友谊和真诚，还能招财进宝、五谷丰登。

（5）笑不花一文钱，便可赢得你所需要的一切。

（6）笑是衡量一个人能否适应环境的尺度。

（7）从礼仪学上讲，微笑是一种无声的礼貌。

（8）从生理学上讲，微笑是一副恬人的健康情态。

（9）从文学上讲，微笑是春季的鲜花、夏日的池水、金秋的月色、冬天的太阳。

（10）从公共关系学上讲，笑是一面高扬的旗帜，是一部伟大的宣言。对公共关系人员来说，笑是一种基本功。

微笑不要本钱，但利润无穷。予人一份，自己并未减少，受者却心满意足。虽然只存在瞬间，却永远铭记心田。富可敌国的人，缺少了它，便不能活下去；家徒四壁的人，有了它，便觉得富裕无比。它可使家庭和乐，生意兴隆。它是友谊的象征，使疲惫的人得到休息，让失意的人得到光明。它是悲伤的人的阳光，也是困惑者的清醒剂。它用钱买不到，也无法强求；既不能借，更不能偷；只有免费给予对方，才能产生莫大的价值。

所以，我们要笑口常开，用笑来开拓事业，用笑来迎接挑战，用笑面对人生。

2. 第一印象原则

第一印象效应是指最初接触到的信息所形成的印象对我们以后的行为活动和评价的影响，实际上指的就是"第一印象"的影响。

什么是第一印象？其实第一印象是非常常见的社会现象的表现。现代化的高度文明其实是展现在社会层面之中。一个人的衣食住行是离不开周围的社会影响的，而社会环境因素同样也会反作用于一个人的内心世界。心理学家认为，由于第一印象主要是性别、年龄、衣着、姿势、面部表情等"外部特征"，因此一般情况下，一个人的体态、姿势、谈吐、衣着打扮等都在一定程度上反映出这个人的内在素养和其他个性特征。

但是，"路遥知马力，日久见人心"，仅凭第一印象就妄加判断，"以貌取人"，往往会带来不可弥补的错误。《三国演义》中凤雏庞统当初准备效力东吴，于是去面见孙权。孙权见到庞统相貌丑陋，心中先有几分不喜，又见他傲慢不羁，更觉不快。最后，这位广招人才的孙仲谋竟把与诸葛亮比肩齐名的奇才庞统拒于门外，尽管鲁肃苦言相劝，也无济于事。众所周知，礼节、相貌与才华决无必然联系，但是礼贤下士的孙权尚不能避免这种偏见，可见第一印象的影响之大！

一位心理学家曾做过这样一个实验：他让两个学生都做对30道题中的一半，但是让学生A做对的题目尽量出现在前15题，而让学生B做对的题目尽量出现在后15道题，然后让一些被试对两个学生进行评价：两相比较，谁更聪明一些？结果发现，多数被试都认为学生A更聪明。这就是第一印象效应。

无独有偶，美国总统林肯也曾因为相貌偏见拒绝了朋友推荐的一位才识过人的阁员。当朋友愤怒地责怪林肯以貌取人，说任何人都无法为自己的天生脸孔负责时，林肯说："一个人过了四十岁，就应该为自己的面孔负责。"虽然林肯以貌取人也有其可圈可点之处，我们却不能忽视第一印象的巨大影响作用，因而必须通过提高自身修养来整饰自己的形象，为将来的成功奠定基础，搭好台阶。

3. 真挚诚实原则

志在真诚，恪守不违。言必信，行必果。说了就一定守信用，做事一定办到。

4. 互尊互敬原则

自尊心需要互尊互敬，要想人家尊敬你，你必须先尊敬别人。"爱人者人恒爱之，敬人者人恒敬之，尊人者人恒尊之"。不尊重别人的人，就不会得到别人的尊重，也不可能形成真正的自尊心。邹韬奋有句名言："自尊心是进步之母，自贱心是坠落之源，故自尊心必不可无，自贱心不可有"。

5. 灵活变通原则

善于变通之人，只需一个好的思路，就能开辟一条出路；只需一个转变，就能看到别样的风景；只需灵活一点，就能进退无碍；只需摒弃一份固守，就能获得一次新生；只需举力打破，就能创造一个新局面。水随形而方圆，人随势而变通。水无形，故可以随着盛装它的器皿变化；人顺势，就要懂得适时变通。古往今来，灵活变通之人，从来不去钻牛角尖,所以这种人也从来不会走到绝路上去。而顽固不化之人,总是一根筋使到底,所以很可能搏击一世却不能成功。古人云:顺势者昌,逆势者亡。哲学家说:我们不能改变过去,但是可以改变现在,我们不能改变环境,但是我们能够改变我们自己。聪明人在做事的时候,只要发现此路不通,就立刻变换自己的做事方式,舍弃原来的方案,换成另一种方式,则能至通达。此所谓:失之东隅,收之桑榆。

相传孔子被困在陈国与蔡国之间,整整10天没有饭吃,有时连野菜汤也喝不上,真是饿极了。学生子路偷来一只煮熟的小猪,孔子不问肉的来路,拿起来就吃;子路又抢了别人的衣服换来了酒,孔子也不问酒的来路,端起来就喝。可是,等到鲁哀公迎接他时,孔子却显出正人君子的风度,席子不摆正不坐,肉类割不正不吃。子路便问:"先生为啥现在与在陈蔡受困时不一样了呢?"孔子曰:"以前我那样做是为了偷生,现在我这样做是为了讲礼呀!"

6. 女士优先原则

西方文化礼仪之"女士优先礼仪"尊重妇女,是欧美国家的传统习俗。现在越来越多的人已经学会说一声"Ladies first(女士优先)",用来表示自己颇具绅士风度。"女士优先"是国际社会公认的一条很重要的礼仪原则,是指在社会交往中,女士在男士面前,处于尊者地位,享受相应的礼仪待遇。"女士优先"的含义是:在一切社交场合,每一名成年男子都有义务主动自觉地以自己的实际行动,去尊重妇女,照顾妇女,体谅妇女,关心妇女,保护妇女,并且还要想方设法,尽心竭力地去为妇女排忧解难。

倘若因为男士的不慎,而使妇女陷于尴尬、困难的处境,便意味着男士的失职。这是西方一项体现教养水平的重要标志。

在社交场合,男子处处要谦让女士。步行时,男士应该走在马路的外边。在马路上行走时,男士须走在靠近车辆之侧,而让女士走在近墙壁或商店的内侧。这一点是源自古代,每当下雨必定满地泥泞,过往马匹车辆奔驰而过常会溅起污水及污泥,男士则刚好以身护花,当女士的挡箭牌,现代虽然这些道路已很罕见,但男士走在外侧的习惯都已经根深蒂固传下来了。

与女士同行,应让女士走在你的前面,把选择方向的权利让给对方,但遇到困难、危险时例外。

在街上与女士同行,男士走外。

入座时,应先请女士坐下。

上下电梯应让女士走在前边。

进门时,男士应先把门打开,请女士先进。

但是下车下楼时,男士却应走在前边,以便照顾女士。

进餐厅、影剧院时,男士应走在前边,为女士找好座位。同女士打招呼时,男士应起立。

在进入餐厅时,女士应走在前面;待侍者替女士们安顿好座位后,男士们才能坐下;若无侍者替女士服务时,男士应先走到女士的座位旁,替她(们)拉出椅子,排开餐巾后才走回自己的座位再坐定;席间有女士离席,此时在其身旁的男士也应立即起身为其拉开椅子,让她方便离去。进餐时,要先请女士先点菜。

"女士优先"主要适用于成年的异性进行社交活动之时。这并不代表女性是弱者,而是对女性的尊重。"女士优先"原则还要求,在尊重、照顾、体谅、关心、保护妇女方面,男士们对所有的妇女都应一视同仁。

二、见面礼节

（一）称呼

称呼是人际交往的基本礼节。与人相遇打招呼时，如果称呼不恰当或不文雅，往往是失礼的表现。称呼不仅反映着自身的教养、对对方尊重的程度，甚至还体现着双方关系达到的程度和社会风尚。务必注意：一是要合乎常规，二是要入乡随俗。另外，还应对生活中的称呼、工作中的称呼、外交中的称呼、称呼的禁忌细心掌握，认真区别。生活中的称呼应当亲切、自然、准确、合理。在工作岗位上，人们彼此之间的称呼是有特殊性的，要求庄重、正式、规范。以交往对象的职务、职称相称，这是一种最常见的称呼方法。比如张经理、李局长。国际交往中，因为国情、民族、宗教、文化背景的不同，称呼就显得千差万别。一是要掌握一般性规律，二是要注意国别差异。

1. 一般称呼

（1）同志。主要适合于以下场合和对象：在非常正式、严肃的场合；政府部门的工作人员；公共场所不知身份的陌生人。

（2）师傅。主要适用于工人身份出身的从事技术性工作的人。

（3）先生、女士（小姐）。主要适合于与外宾接触比较频繁、西化程度比较高的大饭店、宾馆、合资企业、商业系统以及比较现代的年轻人。

（4）老师。它适用于所有文化事业单位的工作人员，以及那些具有专业知识的人。

（5）老板。通常用于称呼所有具有经济权力的人，包括上司、雇主、业主等。在服务性行业，还经常用来称呼顾客。

2. 特殊称呼

特殊称呼是对那些具有特定职业、职称、职务和身份的人，或者与称呼者有特定关系的人的称呼。

对某些从事某种特定职业的人，可用职业来称呼他们。

对有较高职称的人可用职称来称呼。

对某些担任较高职务的人，可用职务来称呼。

对于德高望重的人，可以用其姓后加"老"字称呼。

对于有较高学术地位的男性和女性，均可称之为"先生"。

对于拥有一定经济权力的人，可用"老板"称呼。

同事之间通常以姓前加"老或小"字来称呼。

同学朋友之间，由于比较熟悉，可以直呼名字。

在生活环境中，对邻居、父母的朋友、同学朋友的父母亲戚等可用一些显示亲密关系的称谓来称呼。

在一般称呼与特殊称呼之间，如果有合适的特殊称呼，就不应用一般称呼，否则会让对方觉得有意疏远对方。

3. 对外国人的一般称呼

（1）先生、阁下。对于男子，不论其结婚与否，均可称"先生（Mister）"。通常的做法是在先生后面加姓或姓名。Sir（阁下）是 Mister 的尊称，一般也可译成"先生"。

（2）太太、夫人、小姐、女士。已婚的女子通常称"太太（Mrs.）"或"夫人（Madam）"，但所有丈夫对自己太太或夫人的称呼都用 my wife。对于未婚女子，一般称"小姐（Miss）"对于很多职业女性经常用不体现婚姻状况的称呼"女士（Ms.）"。

先生（Mister）、小姐（Miss）、女士（Ms.）、夫人（Madam）这些称谓除了可以与姓名连用外，还可以与对方的职务、职称、职业连用。先生（Mister）、小姐（Miss）、阁下（Sir）、夫人（Madam）还可以单独使用。

4. 对外国人的特殊称呼

对那些有特殊身份的人士，如果仍简单地用"先生、女士"这样的一般称呼，会被认为是对他们的不尊重，因为你无视他们的特殊地位。

对于职位在部长以上的官方人士，通常用"职衔＋阁下（Excellency）"来称呼，但在美国、墨西哥、德国等国没有称呼"阁下"的习惯。

在一些实行君主制的国家里，对于王室成员有特定的称呼。一般对国王和皇后称"陛下（Highness）"，对王子、公主和亲王称"殿下（Majesty）"。另外，对于有爵位的人士，既可以称爵位，也可以称"阁下（Excellency）"。

对医生（Doctor）、法官（Judge 或 Justice）、律师（Lawyer）、教授（Professor）和有博士学位的人士（Doctor），应用他们的职业职衔和学衔称呼他们。

对军人一般用他们的军衔来称呼。

对教会中的神职人员应用他们在教会中的职位来称呼。

5. 称呼的五个禁忌

我们在使用称呼时，一定要避免下面几种失敬的做法。

（1）错误的称呼。常见的错误称呼无非就是误读或是误会。误读也就是念错姓名。为了避免这种情况的发生，对于不认识的字，事先要有所准备；如果是临时遇到，就要谦虚请教。误会，主要是对被称呼的年纪、辈分、婚否以及与其他人的关系做出了错误判断。比如，将未婚妇女称为"夫人"，就属于误会。相对年轻的女性，都可以称为"小姐"，这样对方也乐意听。

（2）使用不通行的称呼。有些称呼，具有一定的地域性，比如山东人喜欢称呼"伙计"，但南方人听来"伙计"肯定是"打工仔"。中国人把配偶经常称为"爱人"，在外国人的意识里，"爱人"是"第三者"的意思。

（3）使用不当的称呼。工人可以称呼为"师傅"，道士、和尚、尼姑可以称为"出家人"。但如果用这些来称呼其他人，没准还会让对方产生自己被贬低的感觉。

（4）使用庸俗的称呼。有些称呼在正式场合不适合使用。例如，"兄弟""哥们儿"等一类的称呼，虽然听起来亲切，但显得档次不高。

（5）称呼外号。对于关系一般的，不要自作主张给对方起外号，更不能用道听途说来的外号去称呼对方。也不能随便拿别人的姓名乱开玩笑。

6. 谦辞与敬辞

称自己可用"敝人""小弟""小妹""以我的愚见"等。"家"用于对别人称自己的长辈或年长的平辈，如"家父""家母""家叔""家兄"等。"舍"用于对外人称比自己年纪小的家人，如"舍弟""舍妹""舍侄"等。"令"是敬词。凡是称呼别人家中的人，无论辈分大小,男女老少,都应冠之"令"字,如称对方的父亲为"令尊",母亲为"令堂",儿子为"令郎",女儿为"令爱"等。

(二)作介绍

1. 为他人介绍

在交际场合和工作场合,如果你所认识的人,他们相互之间不认识,你就有义务为他们作介绍。当你为他人作介绍时,首先要注意的是介绍的顺序。

(1) 介绍的顺序。介绍的顺序其实就是把谁介绍给谁的问题。也就是在介绍时到底应该把甲介绍给乙,还是应把乙介绍给甲。一般的顺序是,向长者、女士、身份高的人介绍对方,因为总是应该由年轻者、男士和身份低者主动去认识对方。但在不同的场合,介绍的顺序又略有不同。

1) 一般社交场合:通常遵循二个优先,即长者优先和女士优先。

2) 工作场合:在工作场合则以职位高者优先,也就是应将职位低的介绍给职位高的。在工作场合,长者与女士一般不具有优先权。

3) 其他场合:如果被介绍的两人有先到后到之分,那么遵循先者为大的原则,先到者具有优先权,也就是应把晚到者介绍给早到者。如果被介绍的一方是你的家人,那么通常应把你的家人介绍给别人,也就是说亲人在介绍中通常不具有优先权,以此向他人表示尊重。这一原则也可以进一步推广到朋友和熟人之间,通常把关系较近的人介绍给关系较疏远的人。

如果与西方人交往,先把男士介绍给女士总是不会错的。

当我们同时介绍一串姓名时,通常要先报出年龄长、身份高的人。

概括起来,在为他人介绍时应遵循以下五个顺序:将男士介绍给女士;将年轻者介绍给年长者;将职位低的介绍给职位高的;将晚到者介绍给先到者;将家人介绍给别人。

(2) 介绍的方法。

1) 正式的介绍方式:一般用于在非常正式的场合向值得敬重的女士或身份很高的男士介绍男士或是身份低的人。这种介绍方式要用非常礼貌完整的语言,并且在语气中要体现出对尊者或长者这一方是否结识对方意愿的尊重,严格遵照介绍的顺序。

2) 比较正式的介绍方式:一般用于普通的社交场合。这种介绍方式用的语言虽然比较随便、直接,但一般需在介绍语言中体现出介绍的顺序。

3) 随便的方式:通常适用于介绍年轻人,而且双方都是介绍人很熟悉的朋友。这种介绍方式用的语言非常简洁,也不太在乎介绍的顺序,一般只需报出双方的姓名即可。

4) 为多个人作相互介绍:通常根据职位或身份的高低,依次报出来宾的姓名、职务或职业,另外还可以介绍一些来宾的个性特征。如果不想拘泥于来宾身份地位上的次序,也可以根据来宾的位置依次介绍。

向一个人介绍多个人通常是在其中一个人的身份比较高或是特殊的情况下作此种介绍。

向多个人介绍一个人常见于在聚会时主持人(或主人)向先来者介绍后来者,或是向老成员介绍新成员。

(3) 介绍时应注意的事项。介绍时通常应连名带姓一起介绍,但也有一些场合可以只介绍姓而不介绍人名字。这些场合包括:介绍年长者;介绍自己的上司以及职位比自己高的人;介绍为你提供服务的不是私人朋友的专业人士;介绍自己的客户或是向客户介绍自己的同事(除非你与客户已建立了私人友谊)。

也有一些场合可只介绍名字而不介绍姓,如介绍自己未成年的子女,不能省略称呼。

在介绍自己、自己的家人或是年轻人时,一般在姓名后不加敬称。

介绍中的顺序通常是通过介绍所使用的语言来体现的,譬如,介绍人在向长者、女士和身份高的人介绍对方时应说:"我给您介绍"或"我向您介绍"或"我给你介绍一下"

在英文语境里,也有类似的表达。譬如:

"Mr. Johnson, I'd like to introduce you to Mrs. Borden."

(这里 Mrs. Borden 有介绍的优先权)

"Mr. Pitt, allow me to introduce Mr. Zhang to you? This is Mr. Zhang, our manager."(这里 Mr. Pitt 有介绍的优先权)

"Mrs. Borden, may I introduce Mr. Zhang to you?"

(这里 Mrs. Borden 有介绍的优先权)

"Mrs. Harper, I'd like you to meet Mr. Black."

(这里 Mrs. Harper 有介绍的优先权)

如果不使用这些具有明显把谁介绍给谁这层意思的语句,可以用报出双方姓名的先后来体现介绍的顺序。

补充说明:介绍时除报出双方的姓名外,最好能补充说明一下你与双方之间的关系以及双方可能会有的一些共同点,以便为双方交谈提供可能的话题。

不能只介绍你与家人的关系而忘了介绍家人的姓名,(特别是介绍晚辈及配偶时),不要作重复介绍,要正确清晰地报出被介绍双方的姓名和身份。

(4)介绍的时机。所谓介绍的时机也就是在什么时候、什么场合有必要替别人作介绍。一般来说,有任何二位你所认识的人他们相互之间不认识,你就可以为他们作介绍。但在具体的场合和情景下,有时你应该为双方作介绍,有时却没有必要为双方作介绍。

在任何社交场合,包括在各种聚会、宴会、招待会、舞会等,你都可以替任何两位不相识的人作介绍,关键要是看双方有没有结识对方的意愿。

在非社交场合,决定是否要为别人作介绍,关键是看他们可能接触时间的长短。

在工作场合,所有可能有合作关系的人,如果他们互相不认识,都有必要为他们作介绍。

在家里,如有朋友来访,要向朋友介绍家里的所有成员(向自己的父母引见朋友,把家里的其他人介绍给朋友)。如果家里有聚会,作为主人应为所有不相识的客人作介绍,但没有必要为刚来的客人和正准备离去的客人作介绍。

2. 他人为我介绍

当他人为你介绍新朋友,或是向别人介绍你的时候,你应有愿意结识对方的友好表示。

(1)起立。当你被人介绍时,一般都应起立,并正面朝着对方,显示出愿意结识对方的诚意,除非你特别年长或是身份很高。

如果你是男子,当有人把你介绍给尊长或女士时,你应站起来,除非你年纪很大或是身体有病。被介绍后,如果对方没有落座,你不能先坐下。

如果你是女子,当有人把你介绍给年长的妇女、十分年长的男士或是其他尊长,也应礼貌地站起来,等到对方坐下或是离开后,才能回坐。

但若在宴会桌、会谈桌旁作介绍,一般可以不起立(起立当然也是可以的)。

(2)致意与寒暄。被介绍认识后,双方要互相致意。

男子与男子之间一般都互相握手,并适当寒暄一下;介绍后的握手顺序通常由引见的对方向被引见者主动伸手,被引见者一般不先伸手。

男女之间可以握手,也可以不握,一般看女方是否主动伸出手来。

女子与女子一般很少握手,通常是互相点头微笑一下。

除了握手、点头微笑以外,还可以向对方行鞠躬礼来致意,特别是当对方是长辈时。

如果介绍人不小心把你的姓名或是身份介绍错了,不用将错就错,应及时给予纠正。

(3)互留名片。递接名片时,态度要恭敬。向对方递上名片时,可以说上一句得体的寒暄。接过对方的名片后,要仔细地看一遍。看完名片后,通常应把名片及时收藏起来。收了对方的名片后,一般要回赠自己的名片。

3. 自我介绍

如果你想认识某人,而又没有合适的第三者为你引见,那么,主动地作自我介绍是最好的认识朋友的方式。

(1)自我介绍的一般方法。先说一声"您好"来提请对方注意,然后根据不同情况报出自己的姓(名)及身份。

1)您好+姓名或名。一般是私人交往,通常在此前有过通信交往或间接交往。

2)您好+姓(名)+身份。一般是工作交往,在此之前有过间接交往可以报姓名;在此之前没有交往可以只报姓和身份。

3)您好+身份。一般是短暂的工作交往。

4)您好+姓。通常在社交场合。

如果对方可能听说过自己的名字,只是没有见过面,可以向对方直接报出自己的姓名(或加身份)。如果对方不太可能听说过自己的名字,可以只报出自己的姓和身份。在某些交往的场合可能没有必要让对方知道自己的身份,可以只报出自己的姓。在另外一些交往场合可能只需要让对方知道自己的身份就可以了,也可以只报自己的身份。

(2)特定场合的自我介绍。

如果有事去访不认识的人,见面后应首先作自我介绍,而不应先请问对方的身份(也不要自我介绍之前就直接谈事情)。在介绍自己时,除了报出的姓(名)、身份外,还应简明扼要地说明来意,以便让对方及时确定该如何接待你。

在宴会、舞会或会议这样一些社交场所,如果主人没有为你和陌生的朋友介绍认识,你就应主动向自己的邻座介绍自己。在这些场所你通常只需介绍自己的姓(名),必要时也可以解释一下你与主人的关系。

在社交场合遇到了自己仰慕已久的人,你很想认识他(她),而现场又没有人可为你作引见,那么认识朋友的唯一办法就是大大方方地去介绍自己。

跟有一面之交的人碰在一起。如果你还记得对方,而对方却不记得你了,这时你应马上作自我介绍（除了报出自己的姓名，还应提醒对方你们曾在哪儿有过交往）。

在会议、课堂或面试等场合介绍自己，关键是要突出自己独特的地方。

（三）握手礼

握手，是交际的一个部分。握手的力量、姿势和时间的长短往往能够表达出对握手对象的不同礼遇和态度，显露自己的个性，给人留下不同印象，也可通过握手了解对方的个性，从而赢得交际的主动。美国著名盲聋女作家海伦凯勒说：我接触的手有的能拒人千里之外；也有些人的手充满阳光，你会感到很温暖……

1. 握手的要求

通常，和人初次见面，熟人久别重逢，告辞或送行都可以握手表示自己的善意也是最常见的。有些特殊场合，比如向人表示祝贺，感谢或慰问时；双方交谈中出现了令人满意的共同点时；或双方原先的矛盾出现了某种良好的转机或彻底和解时习惯上也以握手为礼。

握手时，距对方约一步远，上身稍向前倾，两足立正，伸出右手，四指并拢，虎口相交，拇指张开下滑，向受礼者握手。掌心向下握住对方的手，显示着一个人强烈的支配欲，无声地告诉别人，他处于高人一等的地位。应尽量避免这种傲慢无礼的握手方式。相反，掌心向里握手显示一个人的谦卑与毕恭毕敬，如果伸出双手，更是谦恭备至了。平等而自然的握手姿态是两手的手掌都处于垂直状态。这是一种最普通也最稳妥的握手方式。戴着手套握手是失礼行为，女士可以例外。当然在严寒的室外也可以不脱。比如双方都戴着手套，帽子，这时一般也应先说声："对不起"。握手时双方互相注视，微笑，问候，致意，不要看第三者或显得心不在焉。

除了关系亲近的人可以长久地把手握在一起外，一般握两三下就行。不要太用力，但漫不经心地用手指尖"蜻蜓点水"式去点一下也是无礼的。一般要将时间控制在三五秒钟以内。如果要表示自己的真诚和热烈，也可较长时间握手，并上下摇晃几下。握手时两手一碰就分开，时间过短，好像在走过场，又像是对对方怀有戒意。而时间过久，特别是拉住异性或初次见面者的手长久不放，显得有些虚情假意，甚至会被怀疑为"想占便宜"。

长辈和晚辈之间，长辈伸手后，晚辈才能伸手相握，上下级之间，上级伸手后，下级才能接握；男女之间，女方伸手后，男方才能伸手相握；当然，如果男方为长者，遵照前面说的方法。如果需要和多人握手，握手时要讲究先后次序，由尊而卑，即先年长者后年幼者，先长辈再晚辈，先老师后学生，先女士后男士，先已婚者后未婚者，先上级后下级。交际时如果人数较多，可以只跟相近的几个人握手，向其他人点头示意，或微微鞠躬就行。

为了避免尴尬场面发生，在主动和人握手之前，应想一想自己是否受对方欢迎，如果已察觉对方没有要握手的意思，点头致意就行了。

在公务场合，握手时伸手的先后次序主要取决于职位、身份。而在社交、休闲场合，它主要取决于年龄、性别、婚否。在接待来访者时，这一问题变得特殊一些：当客人抵达时，应由主人首先伸出手来与客人相握。而在客人告辞时，就应由客人首先伸出手来与主人相握。前者是表示"欢迎"，后者就表示"再见"。这一次序颠倒，很容易让人发生误解。

应当强调的是，上述握手时的先后次序不必处处苛求于人。如果自己是尊者或长者、上级。而位卑者、年轻者或下级抢先伸手时，最得体的就是立即伸出自己的手，进行配合。而不要置之不理，使对方当场出丑。当你在握手时，不妨说一些问候的话，可以握紧对方的手，语气应直接而且肯定，并在加强重要字眼时，紧握着对方的手，来加强对方对你的印象。

2. 应当握手的场合

遇到较长时间没见面的熟人；在比较正式的场合和认识的人道别；在以本人作为东道主的社交场合，迎接或送别来访者时；拜访他人后，在辞行的时候；被介绍给不认识的人时；在社交场合，偶然遇上亲朋故旧或上司的时候；别人给予你一定的支持、鼓励或帮助时；表示感谢、恭喜、祝贺时；对别人表示理解、支持、肯定时；得知别人患病、失恋、失业、降职或遭受其他挫折时；向别人赠送礼品或颁发奖品时。

3. 握手的八禁忌

我们在行握手礼时应努力做到合乎规范，避免违犯下述失礼的禁忌。

（1）不要用左手相握，尤其是和阿拉伯人、印度人打交道时要牢记，因为在他们看来左手是不干净的。

（2）在和基督教信徒交往时，要避免两人握手时与另外两人相握的手形成交叉状，这种形状类似十字架，在他们眼里这是很不吉利的。

（3）不要在握手时戴着手套或墨镜，只有女士在社交场合戴着薄纱手套握手，才是被允许的。

（4）不要在握手时另外一只手插在衣袋里或拿着东西。

（5）不要在握手时面无表情、不置一词或长篇大论、点头哈腰，过分客套。

（6）不要在握手时仅仅握住对方的手指尖，好像有意与对方保持距离。正确的做法，是握住整个手掌。即使对异性也应这样。

（7）不要在握手时把对方的手拉过来、推过去，或者上下左右抖个没完。

（8）不要拒绝握手，即使有手疾或汗湿、弄脏了，也要和对方说一下"对不起，我的手现在不方便"，以免造成不必要的误会。

（四）点头与招手礼

1. 点头礼

点头礼与招手礼，又叫颔首礼，它所适用的情况主要如下：遇到熟人，在会场、剧院、歌厅、舞厅等不宜交谈之处，在同一场合碰上已多次见面者，遇上多人而又无法一一问候的。行点头礼时，应该不戴帽子。具体做法是头部向下轻轻一点，同时面带笑容，不要反复点头不止，也不必点头的幅度过大。

2. 招手礼

招手即打招呼，也是见面时的一种礼节，在公共场合较远可见相识的人，要用右手打招呼（用左手是不礼貌的），或点头致意，视而不见是不礼貌的。与相识的人在同一场合多次见面，点头致意即可，对一面之交或不相识者，须点头微笑致意。一般是年轻的向年长的，男子向女子，地位低的向地位高的主动打招呼。

不过在实际交往中，人们往往并不拘泥于上述的顺序，而通常是谁先看到对方，谁就主动向对方打招呼。年轻者、男子和地位高的人主动向对方打招呼是对对方的尊重，也是自己应有的礼貌；而年长者、女子和地位高的人主动向对方打招呼，则显得谦虚和随和，也使自己更具亲和力。

3. 我国常见的打招呼方式

（1）问候式招呼。简单问候，所谓简单问候即是用"早""好"等字问候对方，主要适用于工作场合或一般交往的朋友和熟人。西式问候即是用"早上好""下午好""晚上好"等问候语打招呼，主要适用于与外宾打招呼。

（2）详细问候。详细问候是指除了用"你好"问候对方外，还问候对方的身体和工作及家人的情况。

（3）寒暄式招呼。寒暄式招呼即是用没有具体内容的寒暄问语与对方打招呼，这是我国传统的打招呼方式。寒暄式招呼比简单的问候招呼要随便、有人情味，主要适用于邻里之间。用于寒暄式招呼的问句通常有三类：①根据对方可能刚做过的事与对方打招呼。②根据对方正在做什么与对方打招呼。③根据对方可能要做什么与对方打招呼。但是这种打招呼方式不适合与西方人打招呼。

（4）称呼式招呼。经常见面的熟人朋友之间，通常会用称呼对方的方式来打招呼，表示相互间的熟悉和亲近。在年龄身份相仿的熟人之间，用称呼对方名字的方式来打招呼，表示相互间的随便。当年纪轻、身份低的人遇见年纪大身份高的熟人时，则可以用敬称来称呼对方，表示对对方的尊重。

这种招呼方式比简单问候式和正式问候要亲切，比详细问候式招呼和寒暄式招呼要简洁少客套。

（5）致意式招呼。致意式招呼是指以一定的动作和表情与对方打招呼。通常有以下三种致意方式：

1）远距离招手致意：当你在远距离遇见朋友和熟人，而又没有可能或是没有必要相互走近寒暄问候时，通常用招手致意的方式与对方打招呼。具体的做法是举起右手超过头顶，手掌朝着对方，但不摇动。

2）近距离点头致意：当你在近距离遇见关系一般的熟人，如在马路上、楼梯上和过道上与其面对面碰上，可以用点头微笑的方式与对方打招呼。这种方式适用于经常见面的朋友和熟人，特别是一天见好几次的朋友和熟人。

3）握手致意：通常适用于比较正式的场合，或是初次见面的朋友。

西方还有一种非常通用的致意招呼方式，就是男士的脱帽礼，而日本有一种简化的鞠躬礼，用于与经常见面的熟人打招呼。

（6）告别式招呼。当你与熟人朋友或家人在一起时，你有事要先离开或是要暂时离开一会儿，就应与他们招呼，并适当表示自己的歉意。

思考：当你在某个社交场合，遇到身份高的领导人，是主动伸手呢？还是应主动打招呼？

如果你是长者、女士或是身份高的人，当有一位非常热情的年轻男士主动向你伸手时（根据"握手的主动权"这一礼仪规则，他不应先伸手的），你是握呢？还是不握呢？

（五）举手礼

行举手礼的场合和行点头礼的场合大致相似，它最适合向距离较远的熟人打招呼。行举手礼的做法：右臂向前方伸直，右手掌心向着对方，其他四指并齐、拇指叉开，轻轻向左右摆动一两下。手不要上下摆动，也不要在手部摆动时用手背朝向对方。

（六）拱手礼

拱手礼是我国民间传统的会面礼。现在它所适用的情况，主要是过年时举行团拜活动，向长辈祝寿，向友人恭喜结婚、生子、晋升、乔迁，向亲朋好友表示无比感谢，以及与海外华人初次见面时表示久仰大名。拱手礼的行礼方式：起身站立，上身挺直，两臂前伸，双手在胸前高举抱拳，自上而下，或者自内而外，有节奏地晃动两下。

（七）合十礼

合十礼，就是双手十指相合为礼。具体做法，双掌在胸前相对合，十指并拢向上，掌尖与鼻尖基本持平，手掌向外侧倾斜，双腿立直站立，上身微欠低头。行礼时，合十的双手举得越高，越体现出对对方的尊重，但原则上不可高于额头。行合十礼时，可以口颂祝词或问候对方，也可以面带微笑，但不应该手舞足蹈，反复点头。在东南亚、南亚信奉佛教的地区以及我国傣族聚居区，合十礼普遍使用。

（八）鞠躬礼

鞠躬礼目前在国内主要适用于向他人表示感谢、领奖或讲演之后、演员谢幕、举行婚礼或参加追悼活动等。行鞠躬礼时，应脱帽立正，双目凝视受礼者，然后弯腰前倾。男士双手应贴放在身体两侧裤线处，女士的双手下垂搭放在腹前。下弯的幅度越大，所表示的敬重程度就越大。鞠躬的次数，在喜庆的场合下，不要鞠躬三次。一般追悼活动时才用三鞠躬的礼仪。在日本、韩国、朝鲜，鞠躬礼应用十分广泛。

（九）献花礼

送鲜花成了时下国际通用的既时尚又实用的一种礼仪形式。迎来送往的时候，送精心挑选的鲜花，显得既有修养又体面，真是一举两得。但因为民族、宗族、国别的不同，不同的鲜花往往有各自约定俗成的含义。所以我们有必要对各种常见鲜花的寓意做一定的了解，才不至于好心办坏事。鲜花有两种常见寓意。

一种是通用寓意，它是在世界上为人们所共识、广为沿用的寓意。玫瑰、鸡冠花表示爱情，丁香表示初恋，柠檬表示挚爱，橄榄表示和平，桂花表示光荣，白桑表示智慧，水仙表示尊敬，百合表示纯洁，茶花表示美好，野葡萄表示慈善，紫藤表示欢迎，红西香表示勤勉，鸟不宿表示谨慎，菟丝子表示战胜困难，常春藤表示成婚，麦藁表示结合，五爪龙表示羁绊，杉枝表示分别，香罗勒表示祝愿，胭脂花表示勿忘，豆蔻表示别离，杏花表示疑惑，垂柳表示悲哀，石竹表示拒绝。可以把几种鲜花搭配在一起表示某种特殊的意义。比如用常春藤、麦藁、五爪龙组合成的花束送给新婚夫妇，表示相亲相爱，永不分离。用杉枝、香罗勒、胭脂花组合成的花束送给远行的人，表示为你祝福，勿忘我。

另一种是民俗寓意，它在不同的风俗习惯里，同一品种的花，但在寓意上根本不同。选花的时候一定要注意民俗寓意，不能弄巧成拙。比如：中国人喜欢菊花，而在西方，黄菊代表死亡，只能在丧葬活动中使用。中国人赞赏荷花"出淤泥而不染"的性格，并喜欢它，但在日本，荷花却表示死亡。在广东、海南、港澳地区，金橘、桃花表示"吉""红火"的意思，而梅花、茉莉和牡丹花却表示"霉运""没利""失业"的意思。另外，不同的习俗，对于花的色彩也有不同的理解。比如国内，我们都喜爱红色的花，特别是结婚时，送红色的鲜花才算喜庆。而西方给新娘送白色鲜花才是最好的祝福。数量上也有所不同。在中国，喜庆活动中送花要送双数，意思是"好事成双"。在丧葬上要送单数花，表示"祸不单行"。在国内特别是沿海地区，送4枝花给别人，必然不受欢迎，因为4的发音和"死"相近。而在西方国家里，送花讲究单数，但"13"这个数字是不可以用的。日本人喜欢奇数，如数字"3"等，对"4"和"9"相当反感。在世界上大多数国家特别是西方国家，红玫瑰花被视为爱情的象征，因此在一般社交场合就不适宜献上这种花，以免给人太多"惊喜"。在意大利、法国、比利时等讲法语的国家以及日本等，菊花被称为"葬礼之花"，也就等同于中国献花圈的作用。如果献上这种花，则有诅咒的意味。现在越来越多的人都忌讳送菊花。荷花在日本人看来，也是不吉利的表现。

（十）拥抱、亲吻

在西方礼节中，拥抱是欧美各国熟人、朋友间表示亲密感情的礼节。拥抱礼的行礼方式：双方的右臂在上，左臂在下，斜抱头伏在对方肩头，面颊相贴。右手扶对方的左后肩，左手扶对方右后腰，左、右拥抱。

亲吻多见于西方、东欧、阿拉伯国家，是长辈对晚辈以及朋友、夫妻之间表示亲昵，爱抚的一种礼节。

长辈吻晚辈前额。

亲戚之间，吻面颊、脸蛋。父母与子女亲吻脸、额头，兄弟姐妹平辈贴面颊，亲人、熟人亲脸、贴面颊。

三、接待与拜访的礼节

（一）接待的礼节

接待客人访问，要准备好烟、茶、糖果，打扫卫生等准备工作。如留客人吃饭，要先了解客人的民族习惯、爱好、忌讳，并适当地做本地名菜。

开门之前，应稍稍整装，理一下头发，看纽扣是否扣上，拉链是否拉上。（客人进门先握手问候，然后让座沏茶）。

客人首次上门，要相互介绍，再让座递茶。远客应问吃饭没有，当客人谈及个人私事，要让家人回避下或换个地方谈，谈话时如有其他客人来访，先应作介绍，并平等对待，不可表现出有疏有亲。

留客住宿，最好让客人单住，床上被褥等应做到干净、舒适、整齐。

不要当客人的面发生口角或打骂孩子。

与客人谈话时不要频频看表，以免对方误会为下逐客令。

接待时，电话铃响了，要与来客打过招呼之后再接电话。

客人告辞时，要婉言相留。客人执意要走，须待客人起身告辞时再起立相送。

客人送了东西，不要说家中已有好多而使对方难堪（只要不是行贿）。应表示感谢并适当还礼或改日拜访。

（二）拜访的礼节

拜访是一项主动的社交活动形式，也是结交朋友的主要渠道，通过拜访活动，不但可以密切朋友关系，深化感情，而且可以提高自己的社交能力，扩大交往范围。

拜访前一般要用电话或邮件预约，以防扑空或打乱主人的日程安排，除非亲密朋友和亲戚，尽量避免做不速之客。时间一旦约定，就要准时造访，以免主人久候。赴约不可过早或过迟，一般应控制在约定时间的5～10分钟以前。如果很可能迟到，应尽快打电话通知对方。

约定的时间应避开吃饭和午休时间，晚上拜访不宜太晚（10点前），出门要注意着装、仪容，并与季节协调。

进门前先按门铃或敲门。未见回应，最好间隔一分钟后再按。即使门开着，也要打过招呼再进门。主人不请不要进入。进屋内不要马上自己落座，要等主人招呼指点后方可坐下。（脱鞋、帽子、大衣、雨具要遵循主人的指点）。如主人是长辈，要等主人入座后再坐下（离门最远的或正对门的是上座，宾客应坐上座）。女士坐高椅两膝并拢，矮椅双腿合拢斜放，不要抒开双腿。如已有客人在屋，应当点头致意，并静坐一会，等前客把话说完，一般不要插话。如自己是前客，则应当尽快结束谈话。

当主人递烟、倒茶时要用双手接过。如主人问爱喝什么饮料时，应爽快回答。吃水果时，要由长辈先动手。凡尝过一口的，都应当吃完。

做客要彬彬有礼，不要随便动人家的东西，不要东张西望，不经主人同意不要随便参观。（不要进卧室）

拜访时间不宜过长。事情说完，即可结束。交谈信息最好有个中心，不要紧跟别人说话后告辞。打算走了先说一段带告别性的话，然后再告辞。除非主人真诚挽留，一般告辞后即应起身准备走，不要走到门外后仍说个不停。

如打算在主人家过夜，最好自己备好睡衣，一旦换上睡衣，则应迅速上床休息。如身穿睡衣走，撞见主人，则是失礼行为。

适当的距离感可以营造一种更宽松、和谐的氛围，范围因民族、地域、文化、身份、关系等因素会有所区别。通常认为，1.2～1.6米为社交距离，0.5～1.2米为私人距离，小于0.5米为亲密距离，大于3.6米为公共距离。

接受涉外邀请时，要弄清活动的意义，时间、地点以及服饰要求，是否带配偶等事项，无论出席与否，均要及时答复，以便于对方安排。

四、乘车礼仪

乘坐轿车时，应当注意的礼仪问题主要涉及座次、上下车顺序和举止等三方面。

（一）座次

在比较正规的场合，乘坐轿车时一定要分清座次的主次，而在非正式场合，则不必过分拘礼。轿车上的座次，在礼仪上来讲，主要取决于四个因素。

（1）轿车的驾驶者。主要适用于双排座，三排位轿车，由主人亲自驾驶轿车时，一般前排座为上，后排座为下；以右为上，以左为下。乘坐主人驾驶的轿车时，最重要的是不能令前排座空着。一定要有一个人坐在那里，以示相伴。由专职司机驾驶轿车时，通常仍讲究右尊左低，座次同时变化为后排为上，前排为下。

（2）轿车的类型。吉普车，大都是四座车。不管由谁驾驶，吉普车上座次由尊而卑依次是副驾驶座、后排右座、后排左座。四排以及四排以上座次的大中型轿车，不论由何人驾驶，均以前排为上，以后排为下，以右为尊，以左为卑，并以距离前门的远近，来排定其具体座次的尊低。

（3）轿车上座次的安全系数。乘坐轿车要考虑安全问题。在轿车上，后排座比前排座要安全得多。最不安全的座位，当数前排右座。最安全的座位，则当推后排左座（驾驶座之后），或是后排中座。

（4）轿车上嘉宾的本人意愿。在正式场合乘坐轿车时，应请尊长、女士、来宾就座于上座，这是给予对方的一种礼遇。当然，不要忘了尊重嘉宾本人的意愿和选择，并要将这一条放在最重要的位置。嘉宾坐在哪里，即应认定哪里是上座。即便嘉宾不明白座次，坐错了地方，轻易也不要对其指出或纠正。

上面的这四条因素往往相互交错，在具体运用时，可根据实际情况而定。

（二）上下车顺序

基本要求是倘若条件允许，须请尊长、女士、来宾先上车，后下车。

（1）主人亲自驾车。要后上车，先下车，以便照顾客人上下车。乘坐由专职司机驾驶的轿车时，坐于前排者，要后上车，先下车，以便照顾坐于后排者。

（2）乘坐由专职司机驾驶的轿车，并与其他人同坐于后一排时，应请尊长、女士、来宾从右侧车门先上车，自己再从车后绕到左侧车门后上车。下车时，则应自己先从左侧下车，再从车后绕过来帮助对方。若左侧车门不宜开启，于右门上车时，要里座先上，外座后上。下车时，要外座先下，里座后下。总之，以方便易行为宜。乘坐多排座轿车，通常应以距离车门的远近为序。上车时，距车门最远者先上，其他人随后由远而近依次而上。下车时，距车门最近者先下，其他随后由近而远依次而下。

（三）举止

（1）动作要雅。在轿车上切勿东倒西歪。穿短裙的女士上下车最好采用背入式或正出式，即上车时双腿并拢，背对车门坐下后，再收入双腿；下车时正面面对车门，双脚着地后，再移身车外。

（2）要讲卫生。不要在车上吸烟，或是连吃带喝，随手乱扔。不要往车外丢东西、吐痰或擤鼻涕。不要在车上脱鞋、脱袜、换衣服，或是用脚蹬踩座位；更不要将手或腿、脚伸出车窗之外。

（3）要顾安全。不要与驾车者长谈，以防其走神。不要让驾车者听手机。协助尊长、女士、来宾上车时，可为之开门、关门、封顶。在开、关车门时，不要弄出大的声响，夹伤人。在封顶时，应一手拉开车门，一手挡住车门门框上端，以防止其碰人。当自己上下车、开关门时，要先看后行，不要疏忽大意，出手伤人。

五、服装礼仪

（一）服饰的功能

服饰具有实用功能、审美功能和社会功能。实用功能指用以满足人们保暖御寒挡风的需求；审美功能指用以满足人们的审美需求、展现自身的审美价值；社会功能指用以反映人们在社会生活中的角色、地位，并向公众传递友好的信息。

在社会交往过程中，正确理解并能充分利用服饰的社会功能，对于人际交往的有效与顺利是非常重要的。合适的服饰可以缩短彼此间的距离，融洽彼此间的关系。因此，在你与他人交往时，如果你想要对方接受你，首先得选择合适的服饰。

在人际交往过程中，人们还经常通过服饰来判断对方的态度以及修养。从礼仪的角度讲，穿着清洁、整齐而又得体的服饰是对他人的尊重，因此，人们习惯把"穿着挺括的人"称为彬彬有礼者。

正因为服饰具有社会功能，穿衣打扮已不仅仅是个人的事情。从某种角度讲，人们穿衣打扮主要是为他人，是希望通过合适的服饰让他人了解自己、认识自己，最后接受自己。

我们在选择自己的服饰时，不仅要考虑自己的喜好，更重要的是要考虑社会的风尚、考虑所要交往的对象他们会是什么样的穿着、他们可能希望我们有什么样的穿着打扮。

（二）男士服装礼仪

这里主要介绍男士的西装礼仪。

（1）要配套、得体。在正式场合，一般要求穿套装，色彩最好选用深色，给人稳重老成的印象。西服的领子应紧贴衬衣领并低于衬衣1～2厘米。西装不宜过长或过短，一般以刚刚盖住臀部为宜，不要露出臀部。西装的袖子不宜过肥，一般袖口处最多到手腕的1厘米。胸围为穿一件羊毛衫感到松紧合适为宜，以保持挺括潇洒的风格。

（2）要穿好衬衣。衬衣领要挺括、干净。衬衣一般以白色为宜，白色衬衣显得稳重。衬衣的衣领一定要高于西装后领1～2厘米。衬衣的下摆要塞在裤子里，衬衣的袖口略长于西装袖口1～2厘米，应扣上袖口纽扣。衬衣里面的内衣要单薄，不宜把领圈和袖口露在外面。

（3）应注意纽扣的扣法。一般站立时扣上西装的纽扣，坐下时要解开。西装扣子如果是两个，扣纽扣时只需扣上边一个（如果三个扣则只需扣中间的一个）。穿双排扣西装时，应把纽扣都扣上。

（4）要注意整体协调。无论什么场合，穿西装都不宜穿喇叭裤，不宜穿毛袜。穿西装必须穿皮鞋，不能穿布鞋、旅游鞋、凉鞋或运动鞋，袜子应以深色为宜。西装上衣外面的口袋原则上不应装东西，上衣外面左胸袋可插一条颜色调和的手帕，不要乱别徽章，装饰以少为宜。

（5）要注意领带的选择和佩戴。领带是西装的重要装饰品，西装与衬衣、领带的搭配十分讲究。领带与衬衫的配色规律：黑色西装＋银灰色、蓝色或黑红色条纹对比色调的领带＋浅色或白色衬衣，灰色西装＋砖红色、绿色、黄色领带＋白色衬衣为佳；乳白色西装＋最好选择红色为主，略带黑色或砖红色、黄褐色的领带＋灰色衬衣；墨绿色西装＋银灰色、浅黄色、红白相间的领带＋银灰色或白色衬衣；暗蓝色西装＋蓝色、深玫瑰色、褐色、橙黄色领带＋白色或浅蓝色衬衣。领带的长度一般要到腰部，如果未穿西装背心，领带要长到腰带上沿附近。如果要用领带夹，它的正确位置是在6颗扣衬衣从上朝下数第四颗扣的地方。领带夹不能太上，特别是不能有意地暴露在他人视野之内。

（三）女士服装礼仪

这里主要介绍套裙礼仪。

（1）面料选择。面料选择注意两点：质地上乘、纯天然。上衣、裙子和背心等必须用同种面料。要用不起皱、不起毛、不起球的匀称平整柔软丰厚，悬垂挺括，手感较好的面料。

（2）色彩合时。应当以冷色调为主，借以体现出着装者的典雅、端庄与稳重。还须使之与正在风行一时的各种"流行色"保持一定距离，以示自己的传统与持重。一套套裙的全部色彩最多不要超过两种，不然就会显得杂乱无章。

（3）尺寸合适。套裙在整体造型上的变化，主要表现在它的长短与宽窄两个方面。

商界女士的套裙曾被要求上衣不宜过长，下裙不宜过短。通常套裙之中的上衣最短可以齐腰，而裙子最长则可以达到小腿的中部。裙子下摆恰好抵达着装者小腿肚子上的最丰满处，乃是最为标准、最为理想的裙长。

以宽窄肥瘦而论，套裙之中的上衣分为紧身式与松身式两种。一般认为，紧身式上衣显得较为传统，松身式上衣则看得更加时髦一些。

上衣的袖长以恰恰盖住着装者的手腕为好。上衣或裙子均不可过于肥大或包身。

（4）穿着到位。商界女士在正式场合穿套裙时，上衣的衣扣必须全部系上。不要将其部分或全部解开，更不要当着别人的面随便将上衣脱下。上衣的领子要完全翻好，有袋的盖子要拉出来盖住衣袋。不要将上衣披在身上，或者搭在身上。

裙子要穿得端端正正，上下对齐。应将衬衫下摆掖入衬裙裙腰与套裙裙腰之间，切不可将其掖入衬裙裙腰之内。

需要考虑年龄、体型、气质、职业等特点。年纪较大或较胖的女性可穿一般款式，颜色可略深些；肤色较深的人不适宜穿蓝、绿色或黑色。

国际上通常认为袜子是内衣的一部分，因此，绝不可露出袜边。为避免这种尴尬，女士们要么穿长到大腿的长筒袜，要么索性不穿袜，但就是不能穿那种半长不短的丝袜。

（5）妆饰典雅。套裙上不宜添加过多的点缀。一般而言，以贴布、绣花、花边、金线、彩条、扣链、亮片、珍珠、皮革等加点缀或装饰的套裙，穿在职业女士的身上都不好。

在穿套裙时，既不可以不化妆，也不可以化浓妆。

不允许佩戴与个人身份有关的珠宝首饰，也不允许佩戴有可能过度张扬自己的耳环、手镯、脚链等首饰。

（6）搭配。衬衫应轻薄柔软，色彩与外套和谐。内衣的轮廓最好不要从外面显露出来。衬裙应为白色或肉色，不宜有任何图案。裙腰不可高于套裙裙腰而暴露于外。

商界女士所穿的用以与套裙配套的鞋子，宜为皮鞋，并以棕色或黑色牛皮鞋为上品。

袜子不可随意乱穿。所穿的袜子，可以是尼龙丝袜或羊毛袜。千万不要将健美裤、九分裤等裤装当成袜子来穿。

（四）着装技巧

（1）着装要与环境相协调。当人置身于不同的环境、不同的场合，就必须要有不同的着装，要注意穿戴的服装与周围环境的和谐。比如，在办公室工作就需要穿着正规的职业装或工作服。比较喜庆的场合如婚礼、纪念日等可以穿着时尚、潇洒、鲜亮、明快的服装等。

(2) 着装要考虑个人身份角色。每个人都扮演不同的角色、身份，这样就有了不同的社会行为规范，在着装打扮上也自然有其自身的规范。当你是一名柜台的销售人员，就不能过分打扮自己，以免有抢顾客风头的嫌疑；当你是企业的高层领导人员出现在工作场所，那么当然就不能随心所欲地去穿着了。

(3) 着装要和自身"条件"相协调。要了解自身的缺点和优点，用服饰来达到扬长避短的目的。所谓"扬长避短"重在"避短"。比如身材矮小的适合穿造型简洁明快、小花图案的服饰；肤色白净的，适合穿各色服装；肤色偏黑或发红的，切忌穿深色服装等。

(4) 着装要和时间相协调。只注重环境、场合、社会角色和自身条件而不顾时节变化的服饰穿戴，重样也不好。比较得体的穿戴，在色彩的选择上也应注意季节性。

(五) 饰物礼仪

饰物指与服装搭配对服装起修饰作用的其他物品，主要有领带、围巾、丝巾、胸针、首饰、提包、手套、鞋袜等等。饰物在着装中起着画龙点睛、协调整体的作用。

胸针适合女性一年四季佩戴。佩戴胸针应因季节、服装的不同而变化，胸针应戴在第一和第二粒纽扣之间的平行位置上。

首饰主要指耳环、项链、戒指、手镯、手链等。佩戴首饰应与脸型、服装协调。首饰不易同时戴多件，比如戒指，一只手最好只佩戴一枚，手镯、手链一只手也不能戴两个以上。多戴则不雅而显得庸俗，特别是工作和重要社交场合穿金戴银太过分总不适宜，不合礼仪规范。

巧用围巾，特别是女士佩戴的丝巾，会收到非常好的装饰效果。

男士饰物一定不宜太多，太多则会少了些阳刚之气和潇洒之美。

一条领带，一枚领带夹，某些特殊场合，在西服上衣胸前口袋上配一块装饰手帕就够了。鞋袜的作用在整体着装中不可忽视，搭配不好会给人头重脚轻的感觉，着便装穿皮鞋、布鞋、运动鞋都可以，而西服、正式套装则必须穿皮鞋。

男士皮鞋的颜色以黑色、深咖啡或深棕色较合适，白色皮鞋除非穿浅色套装在某些场合才适用。黑色皮鞋适合于各色服装和各种场合。正式社交场合，男士的袜子应该是深单一色的，黑、蓝、灰都可以。女士皮鞋以黑色、白色、棕色或与服装颜色一致或同色系为宜。

第三节 行为举止

一、站、坐、行的正确姿态

良好的姿态不仅给人美感，同时还向对方传递出积极的互动信息——自信、参与、稳重、尊重、坦诚、友好。而不良的姿态不仅不够优美，反而还传递出消极的互动信息——傲慢、旁观、轻浮、防备。

1. 良好的站姿

良好的站姿应是像松柏一样挺立，给人以挺、直、高的感觉。对男士而言应有挺拔之美，对女士而言应有亭亭玉立之美。

在工作和社交场合,应尽量避免以下一些不良的站姿:
(1) 靠墙或靠桌站。
(2) 站立时两手叉腰或双臂交叉在胸前。
(3) 双腿交叉或两腿分得很开站立。
(4) 站立时身体抖动或晃动。
(5) 站立时双手插入衣袋或裤袋。

2. 良好的坐姿

良好的坐姿应是像钟一样端正不斜,给人以端正、舒适、高雅的感觉。
(1) 手与脚的摆放应尽量自然、舒适。
(2) 入座时,动作应轻、缓、稳。
(3) 在工作和社交场合,应尽量避免以下一些不良坐姿:
1) 头靠椅子背,或背部斜靠在椅子背上,或是用手托着脑袋。
2) 坐时不停地做一些小动作。
3) 两腿分得很开,或是4字型叠腿,或是把脚藏在椅子下。
4) 架着二郎腿时,不停地抖动。
5) 伸脚摊手地半躺在椅子上。

3. 良好的走姿

良好的走姿应是轻盈、敏捷。步履轻盈给人以斯文、优美和庄重的感觉;步履敏捷给人以健康活泼、精神抖擞的感觉。以下一些不良的走姿应尽量避免:
(1) 行走时,低着头或是仰着头。
(2) 行走时,肩膀前后摇晃,或是肩膀一高一低。
(3) 双手插入裤袋或是反背于背后。
(4) 跨步太大或太小。一般的步幅是在一只脚到一只半之间。
(5) 行走时落脚太重,以至于发出很响的"咚咚"声。
(6) 行走时与人勾肩搭背,或是一边走路一边吃东西、抽烟。

二、表示敬重的举止

1. 起立

当有你应该敬重的人,包括长者、身份高者、上司、女士、客人、顾客等,走进屋子时,你应起身相迎,除非屋子里有十个以上的人,而你应敬重的人又没有看到你。

在屋子里,当你应该敬重的人走近你时,你也应起身相迎。

如果你是长者、女士或其他具有受人敬重身份的人,当他人起立向你表示敬重时,应礼貌地请对方不必起来,特别是当对方起来有一定困难时。

2. 入座

如果在场有你应该敬重的人没有坐下,你就不应坐下。

如果长者、女士或其他应表示敬重的人没有座位时,你应让座。入座时,不能擅占尊位。

室内一般以门作为确定座位高低的参照——离门最远又正对门的位置为上座,离门最近又背对门的位置为下座。

轿车里的位置次序最一般的排法:后排中间为尊位,其右次之,其左又次之(但法国人视后排右侧为尊位，左侧次之，中间为最低），前排靠近司机的位置最低。如果是主人自己开车，则是司机旁边的位置最高，然后才是后排中间，再是后排右边，后排左边。

注意：除了非常正式的场合，轿车中的尊位主要是看主宾的感受。只要是主宾最喜欢的位置就是尊位。

3. 先行

遇到过门、上汽车、进出电梯时，应让长者、身份高的人或女士先行。但在有些场合就需要男士或年轻者先行，譬如：下轿车时；乘坐拥挤的公共汽车时；下楼梯时；过窄桥、危险区、穿过拥挤的人群以及其他任何不方便、不安全的场合。

与尊者一起行走时，应把尊位让给对方。一般来说，二人并行，其右为尊；三人并行，中间为尊；三人前后行，前者为尊；上楼梯时前者为尊，下楼梯时后者为尊。倘若与尊者一同行走在马路或大街上，则应让尊者走在人行道的里侧，因为那里是最安全的。

4. 助臂

若对方携带较重的行李或包裹时，你应主动帮助提携。

遇到雨天，男子应主动为长者、女士撑伞。

如看到长者、女士上下楼梯、上下汽车或起立有困难时，应主动上前搀扶。

三、礼貌用语和卫生习惯

1. 礼貌用语

（1）请：任何需要麻烦别人、求人帮忙时都应说"请"。

（2）谢谢：只要你接受了别人的恩惠，哪怕是很小的恩惠，也应向对方道谢。

（3）对不起和没关系：凡是不小心干扰、妨碍和冒犯了别人时，都应向对方说声"对不起"。如果别人已经为自己的冒失行为向你道了歉，你就应礼貌地说一声"没关系"。

（4）再见：不仅熟人之间在互相告辞时要说"再见"，陌生人之间在因事短暂接触后分离时也应说"再见"。

2. 卫生习惯

这里所讲的卫生习惯不是指个人日常生活中所有与健康有关的卫生习惯，而是指那些在日常交往中会影响个人风度的、给周围人带来不愉快的卫生习惯。

在公共场合应注意以下事项：

（1）打喷嚏、咳嗽时注意卫生。

（2）不随地吐痰、擤鼻涕。

（3）生病时，尽量不要参加社交活动。

（4）保持地毯和地板的清洁。

四、吸烟礼仪

1. 禁止吸烟

由于禁烟受到全社会的倡导，因此，对于一个烟民来说，在不能或是不适合吸烟的地方自觉禁吸是吸烟礼仪的基本要求。

在有禁烟标志的场所，应自觉禁吸。

在没有禁烟标志的场所，应视具体环境来判别能否吸烟。

还有一些特殊的场合也不能吸烟：
（1）在比较正式的典礼或是严肃的场合，一般不能吸烟；
（2）在演讲、谈判和参观时一般也不能吸烟；
（3）看望病人时一般不能吸烟；
（4）在跳舞时不能吸烟（不仅不雅观，而且很危险）；
（5）在拜访时，客人应注意尊重主人的习惯和癖好。

2. 吸烟时的礼貌

敬烟：根据中国人的习惯，主动向他人敬烟是对对方的尊重和友好。

点烟：敬完烟，主动替对方点上烟也是礼貌。

吸烟：吸烟时，应坐或站在一处把烟抽完，而不能随意四处走动。

灭烟：如果你正在吸烟时，主人请你进餐厅，或是会议室、娱乐室以及其他不能吸烟的地方，应马上把烟灭掉。

当有不吸烟的人在场时（特别是有老人、妇女在场时），即使是在允许吸烟的地方，最好能先问一下旁人是否介意抽烟。

吸烟还要注意不要让燃烧着的烟头烫着别人或烧坏别人的衣服、家具、地毯、桌布等物。
在人多的地方吸烟，注意不能把烟雾吐在别人的脸上。

第四节　交谈礼仪

一、恰当的态度

1. 声调

柔和、悦耳的声调会给谈话增添魅力。柔和、悦耳的声调应该是轻重适宜、高低有度、快慢有节的。

与人面对面的交谈，声音一般不宜太重，以对方能听清楚为准；音调也应尽量放低，说话的速度也应适中。

2. 表情与手势

呆板的、无表情的谈话会使本来新鲜刺激的话题变得枯燥乏味。恰当的表情和手势能使谈话增色。

（1）表情和手势必须自然、大方，任何做作的表情和手势只会使谈话逊色。

（2）表情和手势都应适可而止，太丰富的表情让人觉得矫情，而太频繁的手势让人觉得有失稳重。

（3）表情与手势应恰到好处，表情的变化与谈话的内容保持一致，手势语言使用正确。

3. 姿态与距离

无论是站着聊天还是坐着谈话，都应注意保持良好的姿态。同时，还要注意在交谈双方之间保持恰当的距离。

每个人在人际交往时，都会下意识地为自己划定一个私人的空间领域，这是对个人安全需求的满足。不过，人们在交往时所需要的这个私人空间领域并不是固定不变的，它往往随双方之间关系的密切程度的不同而不同。

双方交谈应保持怎样的合适距离还有赖于双方对相互之间关系密切程度的默认，而不同的文化背景、社会地位，甚至双方的性别都会对这个默认的距离有所影响。

4. 眼神

与人交谈时，眼神通常应注视着对方，这是真诚和友好的表示。但这一点并不绝对。

在传统的东方文化里，眼睛注视对方是不礼貌的。受传统东方文化熏陶的中国人，尽管在很大程度上已接受了西方文化，但在人际交往时难免还会有含蓄、委婉的一面。这表现在交谈时的眼神上，习惯在注视对方与不注视对方之间交替。

注视对方的眼神应是自然的、柔和的，既无咄咄逼人之势，也无怠慢敷衍之意。

注视的区域通常是在对方肩膀以上、额头以下的部位。但不同的国家民族在注视的习俗上有很大的差异。

注视对方的额头，是一种居高临下的表现。在谈判中为了给对方施加压力，使自己掌握谈判的主动权，通常以这种方式注视对手。

注视对方的脖子部位，则是一种谦虚的表现。

在一般的社交场合，人们通常注视对方的嘴巴以上、眼睛以下的三角部位，这是双方平等交往的表现。

二、话题的选择

1. 话题选择的一般原则

一般来说，在陌生人或是不太熟悉的人之间选择比较简单的话题。

在人际交往中，不能害怕说"废话"，因为，我们需要从说一些无关紧要的"废话"开始与人交往的。

陌生人或是不太熟悉的人交谈时经常会互相询问对方的籍贯以及工作单位作为谈话的开始。

当然，以自我介绍作为陌生人之间谈话的开始也是一种很好的方式。

在熟人与朋友之间交谈，几乎所有话题都可以成为良好的谈资。衡量话题是否合适的标准主要是对方是否感兴趣。

2. 不能选择的话题

不要选择他人无法参与的话题，不谈论与疾病、死亡等不愉快相关的事情，不要选择容易引起争论的话题，不谈论荒诞离奇、耸人听闻和黄色淫秽的事情，不询问有关别人隐私或是对方难以回答的问题。

西方人通常把以下几方面作为自己的隐私：收入、财产以及衣服、首饰的价格；年龄；家庭住址；工作单位；国家大选时的选举意向。

而中国人主要把个人收入、财产、衣服、首饰的价格，还有女士的年龄作为隐私。不要议论别人的品行，也不要用尖酸刻薄的语言批评某人某事，或是恶意中伤他人，特别是对身份高的人和长辈。

三、倾听的技巧

1. 注意力集中

一位好的听众在倾听对方谈话时，总是能调动自己全部的知觉、情感、态度投入地听，用心去体验对方谈话所体现的情景和思想。

倾听时注意力集中是基本的聆听礼貌。

谈话时兼做其他事情，或是东张西望、做小动作、伸懒腰、看手表都是应该避免的不礼貌行为。

另外，一个好的听众主要把精力集中在对对方谈话内容的理解上，而不会过多去注意对方的谈话技巧和语言表达水平。

2. 积极反应

一位好的听众在倾听别人谈话时，一定会做出相应的反应（包括表情、眼神和语言）作为对对方谈话的反馈。最为积极的反应应是对对方的谈话表示肯定和赞同的反应。

但如果你确实不赞同对方的观点，不应随意附和。因为，这会让对方觉得你虚伪、不诚实。这时，你可以保持沉默，也可以以委婉的方式表示自己的不同看法。

3. 不轻易打断对方谈话

在倾听谈话时，如遇有未听明白或是想进一步了解情况，都应等对方把一个意思讲完后再插话，而且应用礼貌的语言征得对方的同意。

随意或是经常打断对方的谈话是不礼貌的，即使用上述非常礼貌的语言去打断。

4. 不轻易下断言

四、交谈的技巧

1. 掌握授与受的分寸

谈话是两人或两个以上的人互相交流思想、意见。因此，你既要能说，又要能听。你不能一声不吭地保持沉默，也不能滔滔不绝地独占整个谈话。

一个真正善于交谈的人总是首先对所谈论的问题作一个简短的浅谈，然后问问对方的意见如何，把发言权交给对方，自己则做听众。听完对方的意见后，再进一步深入地交换意见。

2. 交谈以对方为取向

交谈以对方为取向就是为了不给对方以自大、自负的感觉。

交谈以对方为取向主要可以在以下几方面得到体现。

在交谈内容的选择上，以对方感兴趣的话题或是对方的思想、经历和感受为主要谈话内容，尽量少谈自己的思想、经历和感受。

在语言使用上，尽量避免讲"我"，多讲"你"。

在交谈过程中适当称呼对方的名字，也会让对方感觉到受尊重和重视。

3. 谈话现场超过三个人时应以在座的全体为交谈对象

谈话以全体为对象可以从以下几方面得到体现：

（1）交谈的话题应是大家都感兴趣的。

（2）使用的语言应是大家都能听懂的。

（3）当你面对众人讲话时，眼睛应轮流看着每一个人，让每个人都觉得你是在跟他说话。

（4）当在场的人在互相攀谈时（如在各种聚会上），应不时与在场的所有人攀谈几句。

4. 邀请与参与

谈话中的赞美、闲话、玩笑。

（1）赞美。赞美要用简洁、明了的语言，而不要用模棱两可的语言。赞美的语言应尽量平和、朴实，而不要用过于夸张的语言。不要当着众人的面赞美某个人。

（2）闲话。只要是不涉及当事人隐私、不损害当事人利益的闲话都可以作为谈资。但如果闲话有可能会损害当事人的利益，那么即使是真的，也不能把它作为公众场合的谈话内容。

（3）玩笑。恰到好处的玩笑可以使谈话变得生动、轻松。

开玩笑时还应注意不能把玩笑变成取笑，也就是说玩笑的前提是不能伤害别人的自尊。另外，开玩笑还应注意适可而止。

第五节　群体活动礼仪

一、宴会

（一）分类

1. 国宴

国宴是国家元首或政府首脑为国家的庆典，或为外国元首、政府首脑的来访而举行的宴会。这是规格最高、最为隆重的宴会。宴会厅内要悬挂国旗，安排乐队演奏国歌和席间音乐。席间宾主要致祝酒词。

2. 正式宴会

仅低于国宴，一般由总理、外交部长主持。除不挂国旗、不奏国歌、出席级别不同外，其余同上。有的安排乐队演奏席间音乐，场面亦十分讲究，请柬上往往注明服饰的要求。餐具、酒水、菜肴道数、陈设、服务人员的装束、仪态及服务，都有严格要求。

（1）西餐宴会。酒水要求较高，分开胃酒、佐餐酒、餐后酒。用作开胃酒的有雪梨酒、白葡萄酒、马爹利酒、全酒加汽水或冰块，苏格兰威士忌加冰水，此外还常上水果汁、矿泉水、番茄汁、啤酒等。

席间佐餐酒通常有红葡萄酒、白葡萄酒，一般不用烈性酒、餐后酒，在休息室中上一杯白兰地类烈性酒。

（2）中餐宴会。酒水较简单，餐前在休息室上茶水、汽水、果汁、啤酒等饮料，餐中始终用白酒或甜酒两种（不设餐后酒）。

3. 便宴

非正式的宴会。常见的有午宴、晚宴，亦有个别的早宴，形式简便，不明确排座位，不作正式讲话，菜肴道数酌减。便宴的气氛随便、亲切，有利交际和友好交往，非官方的宴会多用这种形式，也可用于官方。

4. 家宴

西方人较喜欢在自己家中设便宴。这种招待方式，显得亲切、友好，可广泛用于亲友聚会，也见于官方与业务宴请。

5. 招待会

常见的有冷餐会（自助餐）、酒会（鸡尾酒会）、茶会、工作进餐等。

（1）冷餐会。菜肴以冷食为主，有的也备一定数量的热菜，不排座位，餐具放在桌上或由服务员送至客人面前。客人可以自由活动，自取菜肴、酒水、交际和交谈很方便。官方宴请的宾客人数众多的正式活动，常用这种形式，一般场面较大，开宴时间常放在中午或下午，一般是中午12点至2点，下午5点至7点。宴会场一般布置成T字形、长条形、兀字形几种，也有用长条桌，大圆桌拼成几部分的，原则上要便于客人通行活动。外围可设小桌或座椅，主宾席也常设座椅。参加冷餐会，客人不用受太多礼仪的约束。客人可以先在餐桌上拿好餐具，然后挑选自己喜欢的食物放在菜盘里。取好食物后客人可以找地方坐下吃，也可以站着吃。

（2）酒会。酒会是一种比较简便、但规格可高可低的款待朋友的方式。规格高的要发请柬，规格低的可以用电话邀请。在接到酒会邀请后，可以不必回复。

酒会的特点是比较自由活泼，便于客人们广泛接触。它的主要目的是建立新的联系以及加深那些乐于时常见面的人的交情。酒会的招待品以酒水为主，略备小吃、菜点，不设座椅，仅摆桌子、茶几。酒水常用多种酒按一定比例混合成的鸡尾酒，有时也用品种众多的酒代替，并配以果汁。食物常为三明治、面包托、香肠、炸春卷等，上面插有牙签以便取食。客人可以在宴会举办时的任何时候出席和退席，来去自由。

西方人的酒会通常有两种形式：正餐前的酒会（或称鸡尾酒会，即 Cocktail Parties）和正餐后的酒会（After-dinner Parties）。

鸡尾酒会的时间一般在晚餐前二小时。参加酒会的人要准时到达，也需在规定的时间内离去，逗留太久是失礼的。

正餐后的酒会通常是在晚饭后的八点至九点左右开始，没有客人告辞的时间规定。

最理想的场地是可以自动调节人群密度的、由一间大的主厅和几间毗邻的小间组合而成的场地。酒会里一般不需要椅子，客人大都是站着喝酒聊天，但考虑到总会有一些需要坐的客人，特别是年纪大的客人，因此，在四周最好能放些椅子。

主人有义务为不认识的客人作介绍，作为主人应保证不让任何一位客人孤独地坐在某个角落里。而作为客人在酒会里应大胆地自我介绍，去跟尽量多的客人交谈，去结识更多的新朋友。

（3）茶会。这是一种简便的招待形式，常在下午4点左右或上午10点左右举行。茶会是一种更为简单的招待形式。一般邀请三五个朋友一边喝茶，一边聊天，其风格比酒会更清新淡雅。茶会的时间既可以在上午，也可以在下午，一般持续1～2小时。

茶会通常设在客厅里，厅内设茶几、座椅，不排座位。每位客人应有一个茶杯（配有杯托和茶匙）以及一个小碟。客厅里除了茶几，还应有一张用来放茶壶、茶叶缸、热水瓶、牛奶壶、糖缸以及食品的桌子。

茶会以招待客人喝茶为主，辅以一些水果、糕点。茶具和茶叶通常是比较考究的。

客人到了，主人招呼客人入座后就可以起身去泡茶了。泡好茶后，主人应将茶杯连同茶托端给客人（其实总是放在客人旁边的茶几上，只有当客人主动伸手相接时才直接递给客人，为此，必须保证每位客人有放茶杯的地方）。

客人喝茶时，应一手持茶托，一手拿茶杯；吃点心时也一样，一手拿碟子，一手取食物。大家一边喝茶，一边聊天。

主人在茶会进行过程中，应随时注意客人茶杯里茶水的高度，并及时给客人加水。

（4）工作进餐。这是现代社会西方人常用的非正式宴请形式，有的是参加者各自付费、共同进餐的形式,可以边吃边谈。我国也采用这种形式来招待客人,在特别繁忙、日程安排不开时,往往利用其节省时间又达到招待目的的特点。内客招待,特别是会议的会餐也属此种形式。一般只请本人,不请客人的配偶。设早、中、晚餐。

(二)宴请的组织

1. 确定宴请的目的、名义、对象、范围和形式

(1)目的:庆祝纪念日、展览会闭幕、工作交流。

(2)名义和对象的确定:宴会的正式名称、宴会的目的和性质。

(3)采取的形式:正式、规格较高、人数较少的以宴会为宜,人数多的则以冷餐或酒会更合适;妇女界活动可用茶会。宴请形式还取决于活动的目的、邀请对象、经费。

2. 宴请的时间地点

选择主客都方便的时间,避开13号或星期五,伊斯兰的斋月期,宴请一般在日落后举行。地点要按活动性质、规模大小、宴请的形式,主人的意愿,以及实际可能而定。

3. 发出邀请

各种正式的宴请活动一般均应发请柬。一般的便宴可以不发请柬,而用电话邀请;工作进餐还可以口头邀请。请柬一般应提前1~2周发出,以便被邀请人做出安排。

如果宴请的形式是宴会,那么请柬发出后还应打电话给被邀请人进一步确认邀请,询问对方请柬是否收到并请对方到时一定出席。这一是为了表示邀请的诚意;二是可以及时落实出席的情况,以便安排和调整席位。

中文格式请柬一般不提被邀请人姓名,其姓名写在请柬信封上;请柬行文不用标点符号(如果不能用一句话把邀请的事项说清楚,应另外采用邀请信的形式);行文内容包括宴请目的、形式、名义、时间、地点,所提到的人名、地名、单位名和节日名都应用全称(见图13-1)。

英文格式的请柬则是第一项顶格写被邀请人的姓名,中间写主人的姓名、宴请的形式、时间和地点,右下角写宴请的具体时间,左下角写是否需要回复的提示语(如 to remind 或 R.S.V.P 或 Regret only 等字样)和邀请人地址(见图13-2)。

图 13-1

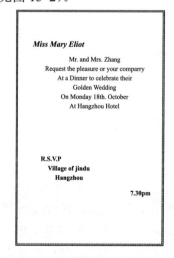

图 13-2

4. 订餐

根据宴会规格和主宾的喜欢和禁忌，还要考虑宾客风俗习惯、生活忌讳和宾客特殊需要。选菜主要考虑来宾的喜好与禁忌，而不是依据主人自己的喜好。如果宴请宗教界人士，要特别注意尊重对方的宗教禁忌。荤素搭配合理，菜肴品种多样化。量力而行，追求特色。如果是外宾，还应了解国籍、宗教、信仰、禁忌和口味特点等。菜单确定以后应印制若干份，在宴请的当日在每张餐桌上放三五份。

5. 桌次席位安排

根据赴宴客人人数、宾客的年龄和性别，安排席次表、座位卡、席卡。对于规格较高的宴会考虑有无音乐或文艺表演。

中餐宴请席次的确定主要以门为依据。正对门的离门最远的是首位，离门最近的背靠门的是末位；其他位置离首位越近，位置越高；距离相等右高左低（见图13-3）。

西餐宴请席次的确定主要依据主人的位置，即离主人越近席位越高，离主人越远席位越低；距离相等，右高左低。

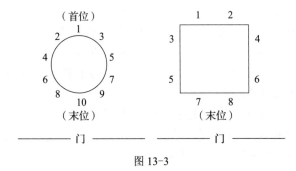

图 13-3

如果是中餐的私人宴请，一般是主宾坐首席，主人坐末席。如果是中餐的工作宴请，一般是由主宾坐首席，主人坐在主宾的右侧。但如果主人的身份比主宾明显要高，主宾一般会把首席推让给主人坐（见图13-4）。

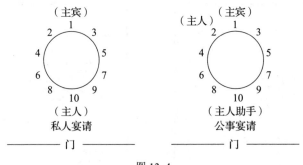

图 13-4

而西餐宴请中主人与主宾的位置是非常确定的。男女主人坐餐桌的两端，男主宾坐女主人的右侧，女主宾坐男主人的右侧（见图13-5）。

如果是中餐宴请外国客人，席位的排法通常是中西结合。

其他宾客的位置主要依据礼宾次序。

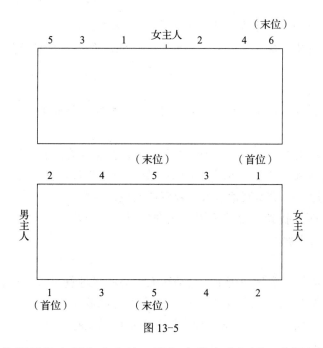

图 13-5

另外还有一个依据就是方便客人交谈，即把身份大致相同、使用同一语言或是同一专业的，比较谈得来的人安排坐在一起。

席位排定后就可以着手写座位卡。

排桌次也需先确定主桌。主桌通常是正对门、离门最远，或是处于场地的中间。

其他桌次的位置则依据离主桌距离的远近确定高低，即离主桌越近的位置越高；位置相同的，则是右高左低。

6. 宴请程序

（1）主人一般在门口迎接客人，握手、问候，后到休息厅休息；

（2）入席进餐、致祝酒词、送宾客。如有正式讲话，主人先讲、主宾后讲，开宴；

（3）吃完水果，主人和主客起立离去，宴会结束。

7. 注意事项

不迟到，吃饭要等开宴，注意喝酒的姿势。

（三）赴宴礼仪

1. 应邀

接到宴会的邀请后，应该做的第一件事就是应尽快给主人以能否出席的答复，以便主人做出安排。

英文格式的请柬上，在左下角通常有"R.S.V.P."或"to remind"或"Regret only"等字样。R.S.V.P 的意思是请答复，to remind 的意思是备忘，而 Regret only 的意思是不能出席请答复。

2. 准时出席

出席宴会，最好能按请柬上规定的时间准时出席，抵达时间过早或过迟都是失礼的。

一般来说，比规定时间早到或迟到 5～10 分钟，不算失礼。如果到达时间估计要超过

15 分钟，就应事先打电话给主人，请他不必等候，按时开宴。

根据中国人的习惯，客人宁可提前，也不应迟到；而西方人的习惯是宁可迟几分钟到，也不要提前到达。

3. 到达

抵达宴会地点后应先到迎宾处，向主人问好，必要时还须向主人表示祝贺。

4. 入席

中餐宴请通常是主人陪同主宾最先步入宴会厅，其他宾客随后依次进入餐厅。

西餐宴请则是由女主人挽着男主宾的手臂最先进入餐厅，然后是男主人由女主宾挽着自己的手臂走进餐厅，接着是其他客人一双双依次进入餐厅。

进入餐厅后，应先找到自己的位置。找到自己的位置后，应先站在椅子的左边，等主人和主宾入座后便可入座。

5. 开始进餐

中餐宴请通常应等主宾先动筷子，其他客人才能动筷进餐。切不可抢先主宾动筷。

西餐宴请通常要等每个人的菜上齐后，女主人开始吃了，大家才可以开始吃。但如果女主人说"请先吃，别等了"，先拿到食物的客人也可以先吃。

6. 交谈与祝酒

（1）交谈。在宴会上，无论是主人还是宾客，都应与同桌的人做愉快的交谈，特别是左右邻座。邻座的人如不认识，应主动做自我介绍，至少应互相攀谈，表示友好。只顾低头吃饭是不礼貌的。

（2）祝酒。在比较正式的宴会上，主人和主宾一般都要致祝酒词。当主人和主宾致词时，所有宾客都要暂停进食，停止交谈，注意倾听。当主人和主宾向大家祝酒时，所有的宾客都应起立举杯。

（3）退席。当吃完水果后（西餐宴请是在吃完甜点后），主人与主宾互相示意后最先离席，其他客人也随之离席（西餐宴请是由女主人邀请女宾们先离席，这时男宾们应照顾女宾们离席，然后男宾们起身离席）。

离席时，应将餐巾稍稍折一下放在桌子上，然后从椅子的左侧走出，再把椅子推回原处。

7. 告辞与致谢

告辞时，通常由主宾先告辞，主宾告辞后，其他宾客便可陆续告辞了。在向主人告辞时，客人们应感谢主人的盛情款待。

西方国家在出席了私人宴请后，一般要在1～2天内给主人写一封感谢信，或寄一张感谢卡，以感谢主人的款待。

（四）餐桌礼仪

1. 餐桌一般礼仪

（1）姿态。在餐桌上保持舒适而优雅的姿态，既是为了用餐的愉快，也是为了对其他客人表示尊重。

餐桌上正确姿态应是轻松而懒散。具体地讲，腰背挺直，尽量不靠椅子背；身子与餐桌保持一拳距离（即10～15厘米）；两手臂尽量贴近自己的身子（免得妨碍旁人就餐），也不要把手肘撑在餐桌上；不吃东西时，可以将手放在大腿上，或是将手搁在桌沿上（如大腿上没有餐巾，在清洁双手后最好是搁在桌沿上）。

（2）餐巾与毛巾。餐巾的用途主要有二点：一是避免菜汁滴在裤子上；二是用来擦嘴和手上的油污。已经启用的餐巾应让它一直放在大腿上。中途离席时，可把餐巾放在椅子上；用餐完毕，应把餐巾大致叠一下，再放在餐桌上。

毛巾的用途也有两方面：一是用餐前用湿毛巾清洁双手；二是用餐中间用湿毛巾擦嘴和手上的油污。

（3）良好的吃相。良好的吃相主要指在餐桌上吃食物时应具有的合适举止。用餐的速度应与他人保持一致。吃食物时，注意不要发出很响的咀嚼声。不能把残渣放在餐桌上（如果餐桌上铺的是一次性台布就可以把残渣放在桌子上），也不能把残渣直接吐在盘子里。

（4）谈话。在宴会上，吃是第二位，而交谈却是第一位。在餐桌上交谈应注意以下几点：①不能在讲话时挥舞手中的餐具；②讲话时应先咽下嘴里的食物，满含食物时不宜讲话；③不要选择可能会影响食欲和心情的话题。

（5）意外。遇到任何意外，应付的原则都是不要惊动别人、惹人注意，不要大声嚷嚷，也不要不知所措，而要冷静地不露声色地把意外处理好。

2. 西餐礼仪

（1）餐具的种类和摆法。西餐的餐具主要有五类：盘子、杯子、刀子、叉子和匙子。

摆放在全套餐具中间的是用来盛主菜的主菜盘。在正式的西餐宴会上，每一道菜会配一种不同的酒（通常是鱼配白葡萄酒，肉配红葡萄酒，甜点配香槟酒），而每一种酒又需要配一个不同的玻璃酒杯。酒杯通常是摆放在主菜盘的右上方的。

刀与匙摆放在菜盘的右边，叉摆放在菜盘的左边。使用刀、叉、匙时，都是从最外面的开始，由外向里依次使用。

（2）餐具的正确使用。餐具的使用主要是指杯子的拿法和刀、叉、匙的使用。

1）杯子。带耳朵的杯子可以用食指和大拇指勾住杯子的耳朵，如耳朵太小，可用食指和拇指捏住耳朵。

长脚的玻璃杯子可用食指、拇指捏住杯子的下半部分，其余三个手指扶住杯脚来平衡杯子。

如果是碗形的带脚玻璃杯，可以用食指与中指夹住杯脚，用手掌托住杯身。

如果玻璃杯里盛的是冰镇的葡萄酒，那就要用捏住杯脚，手不触及杯身，以免手上的体温把酒弄热了。

每次喝完酒要把酒杯放回原处。

2）匙子。匙子是用右手拿。匙柄倚在中指上，中指则以外面的无名指和小指作支撑，大拇指压在匙柄上，食指贴在匙柄的外侧。

持匙时，务必持在匙柄的上端，而不是匙柄的下部。用匙子舀汤时，要由里向外舀。喝汤时，要把嘴凑在匙子的里侧喝，而不能凑在匙子的顶端喝。喝到最后，可以用左手将汤盆向外稍作倾斜，用匙子舀起来喝。喝完后，匙子就留在汤盆里，而不能放在餐桌上。

3）叉子。叉子通常是用左手拿，但也可以用右手拿。单独使用时，叉子的用途主要是用来将食物送进嘴里，这时，叉子的拿法与匙子相近。

在用叉子送食物时，应注意：不要在叉子上堆满食物，每一次只拿起一口的量。也不能将叉子送得太进去。

刀叉并用时，与持刀的方法相似，如图 13-6 所示。

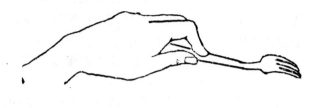

图 13-6

4) 刀子。刀子始终是用右手拿的。常见的持刀方法有两种：①切肉时的拿法：将刀柄顶端置于手掌之中，用大拇指抵住刀柄的一侧，食指摁在刀背上，其余三指则顺势弯曲握住刀柄（见图 13-7）。②切鱼时的拿法：其拿法跟握笔差不多，用拇指和食指握住刀柄，中指协助食指切割鱼肉。

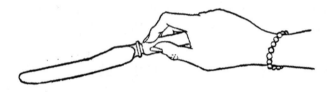

图 13-7

5) 刀叉并用。在吃西餐时，刀子总是需要与叉子并用，用于吃主菜（肉类和色拉）。刀叉并用时，右手持刀，左手持叉。这时，持刀与持叉的姿势相似，左手叉齿朝下摁住食物，右手持刀将肉或蔬菜切开。

具体做法有两种：一是英国式；二是美国式。

切食物时，应注意：不能把所有的食物都切成小块，而是应该切一块吃一块；而且每一块都必须是一口的量；使用刀叉时尽量不要发出碰击声。

已经启用的刀叉在不使用时，不能放在餐桌上，也不能搁在盘沿上，而是应放在菜盘里，而且它们还有固定的摆法和含义。

(3) 恰当的举止。

接受食物：如果是由服务员或女主人按份送上的，说声"谢谢"就可以了；自己取食物时，切不可用自己的餐具取食；也不要取太多以至于最后剩下食物；取回的食物应先放在自己的盘子里，不可直接送进嘴里。

拒绝食物：通常拒绝一道菜是不礼貌的；但当主人请客人添菜或加酒时，客人如果不需要可以拒绝。

佐料：不要自己站起来伸手去取，也不要越过别人的头去取，而是应请别人传递；在加佐料前应先尝一下菜的味道。

(4) 西餐的上菜顺序。

1) 面包配黄油（用餐前预先摆放着的）；

2) 开胃小吃；

3) 汤；

4) 鱼；

5）肉与蔬菜、色拉；
6）水果和点心（甜食）；
7）咖啡或茶。

（5）西餐一些食物的吃法。

面包的吃法：用手将面包撕成小块，然后用黄油刀涂上黄油，再送进嘴里。值得注意的是，面包不能整个拿起来吃，也不能把面包全部撕成小块后再一块块吃。

开胃小吃通常是一些海鲜，可以用又小又尖的叉子把里面的肉挑出来吃。

用小碗或小杯盛的汤，在里面通常插有一把小匙，是用来搅拌和尝汤的咸淡的。开始喝汤时，可以用小匙喝上三四口，以便尝咸淡，之后就把匙子拿出来放在托碟上，右手端起杯子喝汤。喝完后，匙子仍旧放在托碟上，不用再放回汤碗里。

整条鱼的吃法：先用鱼刀将鱼头切下，放在专盛鱼骨的备用碟里；然后用鱼刀沿着鱼背割下上边的鱼肉放在盘子的一边；再用刀子切下一小块，用叉子送进嘴里。上边的鱼肉吃完后，用手将鱼骨拉掉放在备用盘里，然后再用刀子将鱼肉切成小块，用叉子叉起来吃。

吃蔬菜时主要用叉子，只有叉子叉不起的菜可用刀子帮忙盛取。

三明治、意大利馅饼：可用手拿着吃。

奶酪：用刀切下一小片，然后用手拿着吃。

布丁：一般用叉子叉着吃，如用叉取食物有困难则可叉匙并用。

通心粉与细面条：用叉子叉起面条，然后小心而快速地转动叉子，让面条缠在叉子上吃。

冰淇淋、水果羹、鸡蛋羹：用匙子舀着吃。吃完后将匙子放在托盘上，而不要留在小碗或小杯里。

喝饮料时应空着嘴，并擦干净嘴唇，以免菜和油沾在杯子上。

二、交际舞会

交际舞会是一种社交活动。一般晚上举行。可作为单项活动，也可作为宴请后的即兴活动，大型舞会可穿插一些文艺节目。

被邀请的男女客人人数要大致相等。对已婚者，一般要同时邀请夫妇。请柬上应注明舞会延续时间，客人可在其间任何时候离场。舞会场地应宽敞，舞池地面要上蜡保持光滑。舞厅内可用舞会专用灯和各色彩灯装饰。最好安排乐队伴奏。举办舞会，还可在侧厅或餐厅备饮料、点心等，供客人食用。

参加舞会应注意如下事项。

（1）参加舞会，服装要整齐大方，女士应打扮的华贵、高雅，可化浓妆。较隆重正规的舞会，还要在请柬上注明服装要求。如主人没有请宽衣的表示，即使天气炎热，男宾也不能随意脱去外衣。

（2）跳舞时，纽扣要注意扣好；舞会前的进餐注意不要吃气味强烈的食品。

（3）面容应修饰整洁。女士可化妆，男士要刮胡子。舞会中举止要端庄，大方。

（4）第一场舞，主要夫妇、主客夫妇共舞（如夫人不跳，也可以由已成年女儿代之）。第二场舞，男主人与主宾夫人、女主人与男主宾共舞。舞会上，男主人应陪无舞伴的女宾跳舞，或为她们介绍舞伴，并要照顾其他客人。男主宾应轮流邀请其他女宾。而其他男宾则应争取先邀请女主人共舞。男子应避免全场只同一位女子共舞（夫妻可以）。不得男子与男子、女子与女子共舞。一般开舞和结束要同同一女子共舞。

结婚舞会则是新郎、新娘开舞，然后是新婚夫妇的家庭成员，然后是全体宾客，一般舞会由地位高、长者或男女主人开舞。舞时可简单谈话，但不可大声。不要将舞伴搂得太紧，两人之间约有一拳距离。

（5）男方邀请女方跳舞时，如其丈夫或父母在旁，则应先向其丈夫和父母致意，以示礼貌。请舞时，姿态要端正，并向对方点头做出邀请状，待对方同意后，方可陪伴进入舞池。如对方不同意，不能勉强。女方无故拒绝男方的邀请是不礼貌的。如实在不愿意同某人共舞，应婉言辞谢。说"对不起，我要歇会"或"我已有约了"。已辞谢邀请后，一曲未终，不应再同其他男子共舞。

（6）跳舞时要注意舞姿，男方右手应在女方胸部正中，不能超过女方胸的中部。自己不熟悉的舞步，不要下场跳。舞会期间不可吸烟，不能戴口罩。一曲完毕，男方应向女方致谢，然后陪送女方回原坐处，并向其周围亲属点头致意后离去。

舞会结束后，应向主人致谢，方可离去。

附 录

附录1 一年中的节日

1月 January

元旦 [1月1日]

腊八节 [农历腊月初八]

小年 [农历腊月廿三]

国际麻风节 [1月31日]

除夕 [农历腊月三十]

春节 [农历正月初一]

国际海关日 [1月26日]

2月 February

世界湿地日 [2月2日]

国际声援南非日 [2月7日]

国际气象节 [2月10日]

元宵节 [农历正月十五]

情人节 [2月14日]

第三世界青年日 [2月24日]

龙抬头 [农历二月初二]

世界抗癌症日 [2月4日]

国际母语日 [2月21日]

国际罕见病日 [2月29日]

3月 March

国际海豹日 [3月1日]

全国爱耳日 [3月3日]

学雷锋纪念日 [3月5日]

三八妇女节 [3月8日]

植树节 [3月12日]

白色情人节 [3月14日]

消费者权益日 [3月15日]

国际航海日 [3月17日]

世界无肉日 [3月20日]

世界睡眠日 [3月21日]

世界水日 [3月22日]

世界气象日 [3月23日]

国际尊严尊敬日 [3月11日]

国际警察口 [3月14日]

手拉手情系贫困小伙伴全国统一行动日 [3月16日]

世界森林日 [3月21日]

世界儿歌日 [3月21日]

国际消除种族歧视日 [3月21日]

世界防治结核病日 [3月24日]

耶稣受难日 [3月25日]

4月 April

愚人节 [4月1日]

国际儿童图书日 [4月2日]

清明节 [4月5日左右]

世界卫生日 [4月7日]

世界帕金森病日 [4月11日]

谷雨 [4月20日]

世界地球日 [4月22日]

世界读书日 [4月23日]

世界知识产权日 [4月26日]

5月 May

国际劳动节 [5月1日]

中国青年节 [5月4日]

世界哮喘日 [5月3日]

世界红十字日 [5月8日]

国际护士节 [5月12日]

母亲节 [5月的第二个星期日]

国际家庭日 [5月15日]

防治碘缺乏病日 [5月15日]

世界电信日 [5月17日]

国际博物馆日 [5月18日]

全国助残日 [5月15日]

全国学生营养日 [5月20日]

全国母乳喂养宣传日 [5月20日]

国际生物多样性日 [5月22日]

世界无烟日 [5月31日]

端午节 [农历五月初五]

6月 June

全国爱眼日 [6月6日]

国际儿童节 [6月1日]

世界环境日 [6月5日]

附 录

中国文化遗产日 [6月11日]
父亲节 [6月的第三个星期日]
世界防治荒漠化和干旱日 [6月17日]
世界难民日 [6月20日]
国际奥林匹克日 [6月23日]
全国土地日 [6月25日]
国际禁毒日 [6月26日]
联合国宪章日 [6月26日]

7月   July

香港回归纪念日 [7月1日]
国际合作节 [7月的第一个星期六]
建党节 [7月1日]
中元节 [农历七月十五]
世界人口日 [7月11日]
七夕情人节 [农历七月初七]

8月   August

建军节 [8月1日]

9月   September

世界海事日 [9月的最后一周]
中国人民抗日战争纪念日 [9月3日]
国际扫盲日 [9月8日]
教师节 [9月10日]
世界预防自杀日 [9月10日]
国际臭氧层保护日 [9月16日]
中国国耻日 [9月18日]
国际爱牙日 [9月20日]
国际和平日 [9月21日]
国际聋人节 [9月的第四个星期日]
世界旅游日 [9月27日]

10月   October

中秋节 [农历八月十五]
国庆节 [10月1日]
国际音乐日 [10月1日]
世界动物日 [10月4日]
世界住房日 [10月的第一个星期一]
世界视觉日 [10月的第二个星期四]
全国高血压日 [10月8日]
国际减轻自然灾害日 [10月的第二个星期三]
世界邮政日 [10月9日]

世界精神卫生日 [10月10日]
重阳节 [农历九月初九]
国际盲人节 [10月15日]
世界粮食节 [10月16日]
国际消除贫困日 [10月17日]
世界传统医药日 [10月22日]
联合国日 [10月24日]
人类天花绝迹日 [10月25日]

11月　November
万圣节 [11月1日]
中国记者日 [11月8日]
消防宣传日 [11月9日]
联合国糖尿病日 [11月14日]
国际大学生节 [11月17日]
感恩节 [11月的第四个星期四]

12月　December
世界艾滋病日 [12月1日]
国际残疾人日 [12月3日]
世界足球日 [12月9日]
南京大屠杀纪念日 [12月13日]
世界强化免疫日 [12月15日]
澳门回归日 [12月20日]
国际篮球日 [12月21日]
平安夜 [12月24日]
圣诞节 [12月25日]

附录2　常见花卉及花语

1. 玫瑰花语：爱情、爱与美、容光焕发

在古希腊神话中，玫瑰集爱与美于一身，既是美神的化身，又溶进了爱神的血液。可以说，在世界范围内，玫瑰是用来表达爱情的通用语言。每到情人节，玫瑰更是身价倍增，是恋人、情侣之间的宠儿。

2. 康乃馨花语：谢谢你的爱、真情、母亲我爱你、温馨的祝福、热爱着你、不求代价的母爱、亲情思念、伟大、神圣、慈祥、温馨的母亲、思念

康乃馨是优异的插花品种，花色娇艳，有芳香，花期长，适用于各种插花需求，常与唐菖蒲、文竹、天门冬、蕨类组成优美的花束。花朵还可提香精。这种体态玲珑、斑斓雅洁、端庄大方、芳香清幽的鲜花，随着母亲节的兴起，正日益风靡世界，成了全球销量最大的花卉品种之一。

3. 薰衣草花语：等待爱情、安静、坚贞、浪漫的爱

薰衣草就是"香"的代表，有"花之精灵"之称。薰衣草的花语是等待爱情，薰衣草能之所以能受到时尚族群的青睐，是因为薰衣草还有许多浪漫美好的寓意。英国人一直将薰衣草视为纯洁、清新、感恩、和平的象征，薰衣草的内在含义很深，隐藏着一种正确的生命态度。以前，情人之间流行着将薰衣草赠送给对方来表达爱意。有些地区的习俗是用薰衣草来薰香新娘礼服。据说放一小袋干薰衣草在身上，可以让你找到梦中情人。

4. 百合花语：顺利、心想事成、祝福、高贵

百合花种类繁多，花色艳丽丰富；花形典雅大方，姿态娇艳因品种而异；花朵皎洁无瑕、晶莹雅致、清香宜人；百合独特安静，象征着女性的一些特性诸如独立自强。在中国百合花具有象征百年好合、家庭美满、伟大的爱之含义，有深深祝福的意义。

5. 向日葵花语：信念、光辉、高傲、忠诚、爱慕、沉默的爱

向日葵不仅可以送给追求梦想的人，也可以送给你爱慕的对象，表示 TA 是你心中永不降落的太阳，是你永远守护的天使。如果，你喜欢的她性格爽朗、活泼大方，不喜欢相对柔弱的玫瑰，就送她向日葵吧。向日葵的花语是沉默的爱，不仅可以送给女性，还可以送给男性。向日葵也是一种可以带给人们信心和希望的鲜花。

6. 郁金香花语：爱、慈善、名誉、美丽、祝福、永恒、爱的表白、永恒的祝福

提起郁金香，人们一定会想到郁金香王国——荷兰，然而世界上最早种植郁金香的却是土耳其人。16世纪才传入荷兰，17世风靡欧洲。郁金香被视为胜利和美好的象征，同时它还代表着爱的表白和永恒的祝福。

7. 风信子花语：胜利、竞技、喜悦、爱意、幸福、浓情、倾慕、顽固、生命

女神维纳斯最喜欢收集风信子花瓣上的露水，因为它能使肌肤更漂亮光滑。风信子的花期过后，若要再开花，需要剪掉之前奄奄一息的花朵。所以，风信子也代表着重生的爱。忘记过去的悲伤，开始崭新的爱。

8. 四叶草花语：幸运、幸福

四叶草的四个叶子分别代表着不同的含义，一片叶子代表真爱，第二片叶子代表健康，第三片叶子代表名誉，第四片叶子代表幸福。

9. 栀子花花语：喜悦、永恒的爱与约定

栀子花从冬季开始孕育花苞，直到近夏至才会绽放，含苞期愈长，清芬愈久远；栀子树的叶，也是经年在风霜雪雨中翠绿不凋。于是，虽然看似不经意的绽放，也是经历了长久的努力与坚持。或许栀子花这样的生长习性更符合这一花语。不仅是爱情的寄予，平淡、持久、温馨、脱俗的外表下，蕴涵的，是美丽、坚韧、醇厚的生命本质。

10. 雏菊花语：纯洁的美、天真、幼稚、愉快、幸福、和平、希望

雏菊花细小玲珑、惹人喜爱、具有很高的观赏价值，意大利人十分喜爱清丽姣娆的雏菊，认为它有君子之风，因此将雏菊定为国花。有着小小白色花瓣的雏菊有三种含义：

第一种，永远的快乐。传说森林中的妖精贝尔蒂丝就是化身为雏菊，她是个活泼快乐的孩子。

第二种，你爱不爱我？因此，雏菊通常是暗恋者送的花。

第三种，则是——离别。

11. 紫罗兰花语：永恒的美、质朴、美德、盛夏的清凉

紫罗兰是一种盛开在五、六月间，成鞋钉状的花卉。这种花的香气逼人，虽然属于野生植物，但是园丁特别喜欢把它种在窗台下。主要是希望借由紫罗兰，把芬芳的香气带进屋子里。

12. 满天星花语：关怀、带来好运、真心喜欢、关心、纯洁的心

相对于粉红的桃花，娇艳的红玫瑰，高贵的牡丹花们的竞相怒放，满天星就显得低调了许多，他那素雅的小白花星星点点地点缀在浅绿色的枝叶中，玲珑细致、洁白无瑕的小花，松松散散地聚在一起，宛若无际夜空中的点点繁星。

13. 桔梗花花语：永恒的爱、无望的爱、不变的爱、诚实、柔顺、悲哀

14. 矢车菊花语：幸福

矢车菊有着淡紫色、淡红色及白色的素雅花朵，散发出阵阵清幽的香气，表现出少女般的贤淑品质，博得德国人民的赞美，被誉为德国的国花。夏季是矢车菊开花的季节，不大不小的头状花序生长在纤细茎秆的顶端，宛若一个娟秀的少女。

15. 勿忘我花语：真实的爱、永恒的爱

勿忘我花小巧秀丽，蓝色花朵中央有一圈黄色心蕊，色彩搭配和谐醒目，尤其是卷伞花序随着花朵的开放逐渐伸长，半含半露，惹人喜爱，令人难忘。在德国、意大利、英国各地，都有许多散文、诗词和小说作家以勿忘我来描述相思与痴情。人们认为只要将勿忘我带在身上，恋人就会将自己铭记于心、永志不忘。

16. 马蹄莲花语：忠贞不渝、永结同心

马蹄莲没有花瓣层叠，简单独特的花形，即使绽放也似含娇含羞，不像其他花希望自己盛开的时候能毫无顾忌地展示所有的美丽、所有完整的姿态。凡事过满，都会少了一份难以言说的韵味。

17. 太阳花花语：光明、热烈

太阳花不仅花色丰富、色彩鲜艳，景观效果极其优秀；其生长强健，管理非常粗放；虽是一年生，但自播繁衍能力强，能够达到多年观赏的效果，是非常优秀的景观花种。太阳花植株矮小，茎、叶肉质光洁，花色丰艳，花期长。

18. 鸢尾花花语：热情、适应力强

鸢尾花虽然具有粗大的根，宽阔如刀的叶，非常强韧的生命力。但是由于它是制造香水的原料，因此相当受尊重，也广被使用。鸢尾花在我国常用以象征爱情和友谊，鹏程万里，前途无量，明察秋毫。

19. 蔷薇花语：美好的爱情、爱的思念、美德

盛开的蔷薇给予人对爱情的憧憬，然而爱情不只是一场美丽的梦，花虽然会凋谢，心中的最爱却永不凋零，蔷薇就是恋的起始、爱的誓约。

20. 韭兰花语：坚强勇敢地面对

韭兰就像它的名字一样，难以引人注目，似韭似兰，没有开花的韭兰就像一盆韭菜一样，很容易被人忽视。然而等到韭兰开花的那一天，所有曾经忽视过韭兰的人都会为自己曾经忽视过这样美丽的花朵而感到羞愧，韭兰用淡雅的花朵默默地证明了自己的价值。

21. 三色堇花语：思虑、思念、沉思、请想念我、快乐

三色堇无论在最肥沃还是最贫瘠的土地上均可以生长。在英国，人们把它同圣瓦伦丁联系起来，圣瓦伦丁不分贫富，总是把他的爱情禀赋赠给人们。

22. 金凤花花语：冷静、智慧

金凤花，花如其名，当金凤花盛开的时候，仿佛一只只美丽的凤凰飞上了枝头，花朵就像凤凰舒张的羽翼，花心好似那长长凤尾。金凤花花开得特别茂密，整棵树都被花朵包围，令路过的人们纷纷驻足观看，被它的美丽所吸引。

23. 松红梅花语：胜利、坚定、高升

松红梅因为有着松树的挺拔、梅花的柔美，而被人所喜爱，且因为松红梅的花期恰好在元旦、春节之间，成为节日插花的绝佳选择。

24. 球兰花语：青春美丽

如果你看过球兰，你一定会深深地爱上她，她就像一个穿着红色点点裙的青春少女一样，尽情地释放着自己的青春活力，让看到她的人心情也会像她一样的快乐！

25. 桃花花语：爱情俘虏

一树桃花一树诗，千树花语为谁痴？杏花落时，桃花便开了。自古，桃花便深得人们的喜爱，一直都是文人墨客歌咏的对象，关于桃花的传说也很多。"桃红容若玉，定似昔人迷"，作为春天和美好的代名词，桃花无愧人们的厚爱。

参考文献

[1] 居延安. 公共关系学 [M].4 版. 上海：复旦大学出版社，2008.
[2] 崔义中. 公共关系通论 [M]. 西安：陕西人民出版社，1998.
[3] 廖为建. 公共关系学 [M]. 北京：高等教育出版社，2000.
[4] 李健荣，王克智. 现代公关理论与实践 [M]. 北京：高等教育出版社，1997.
[5] 熊源伟. 公共关系学 [M]. 合肥：安徽人民出版社，1990.
[6] 熊源伟. 公共关系案例 [M]. 合肥：安徽人民出版社，1993.
[7] 权裕，任宗哲. 公共关系教程 [M]. 西安：西北大学出版社，1993.
[8] 杨魁. 现代公共关系学 [M]. 北京：中国工人出版社，1998.
[9] 崔义中. 中国公共关系论 [M]. 西安：陕西人民出版社，1994.
[10] 丹尼尔·莫斯. 公共关系实务：案例分析 [M]. 郭惠民，译. 上海：复旦大学出版社，1996.
[11] 翟向东. 公共关系与市场文化 [M]. 北京：中国商业出版社，1995.
[12] 权裕. 儒家学说与东方意识 [M]. 西安：陕西人民教育出版社，1993.
[13] 于云华. 拱手·鞠躬·跪拜 [M]. 成都：四川人民出版社，2003.
[14] 张燕. 实用公关礼仪 [M]. 兰州：甘肃人民出版社，1998.
[15] 欣悦. 妙用肢体语言 [M]. 北京：中国纺织出版社，2003.